SÉRIE SUCESSO PROFISSIONAL

COMO LIDAR COM SEU CHEFE

CHRISTINA OSBORNE

PUBLIFOLHA

UM LIVRO DORLING KINDERSLEY
www.dk.com

PUBLIFOLHA
Divisão de Publicações do Grupo Folha

Al. Barão de Limeira, 401, 6º andar
CEP 01202-900, São Paulo, SP
Tel.: (11) 3224-2186/2187/2197
www.publifolha.com.br

Os leitores interessados em fazer sugestões podem escrever para Publifolha no endereço acima, enviar um fax para (11) 3224-2163 ou um e-mail para atendimento@publifolha.com.br

COORDENAÇÃO DO PROJETO
PUBLIFOLHA
ASSISTÊNCIA EDITORIAL: Camila Saraiva
COORDENAÇÃO DE PRODUÇÃO GRÁFICA: Soraia Pauli Scarpa
ASSISTÊNCIA DE PRODUÇÃO GRÁFICA: Priscylla Cabral

PRODUÇÃO EDITORIAL
EDITORA PÁGINA VIVA
TRADUÇÃO: Rosemarie Ziegelmaier
EDIÇÃO: Wally Constantino e Carlos Tranjan
ARTE: José Rodolfo Arantes de Seixas
REVISÃO: Claudia Morato e Agnaldo A. de Oliveira

DORLING KINDERSLEY
EDITORA: Stephanie Jackson
EDITORA DO PROJETO: Nicky Munro
EDITORA DE ARTE: Sarah Cowley
DESIGNER DE DTP: Rajen Shah
PRODUÇÃO: Kevin Ward
GERENTE EDITORIAL: Adèle Hayward
DIRETORA DE ARTE: Karen Self

Este livro foi impresso em junho de 2007, pela Prol Gráfica sobre papel offset 90 g/m²

SUMÁRIO

Gestão de Conflitos

Novos Horizontes

Introdução

O bom relacionamento com os superiores constitui um fator de grande importância para o sucesso de uma carreira. Compreender a forma de pensar e o modo de trabalho de seu chefe é o segredo para uma parceria positiva. O livro Como Lidar Com Seu Chefe *explica quais são os caminhos para conseguir o máximo desse relacionamento, mesmo sob pressão ou em um cotidiano rotineiro. A obra permite avaliar o estilo de seu superior e apresenta soluções para conviver com chefes de personalidade difícil. A busca das metas pessoais e autodesenvolvimento conta com uma valiosa ajuda: 101 dicas práticas, distribuídas pelos diversos capítulos deste volume. Com as informações contidas neste livro, você terá mais condições de fazer de seu chefe um aliado importante.*

ANÁLISE DA SITUAÇÃO

A eficiência no trabalho inclui uma boa gestão do relacionamento com os superiores. Identifique seus objetivos profissionais e as vantagens de uma parceria com seu chefe.

ALIANÇA ESSENCIAL

Para obter sucesso, você e seu chefe precisam um do outro. Aprenda a tirar lições importantes para formar alianças, a fim de garantir um consistente trabalho em equipe, atuar com satisfação e atingir os objetivos de sua trajetória profissional.

1 Pense no seu chefe como um cliente importante e seu maior defensor.

2 Avalie os aspectos que devem ser melhorados para formar uma equipe eficiente.

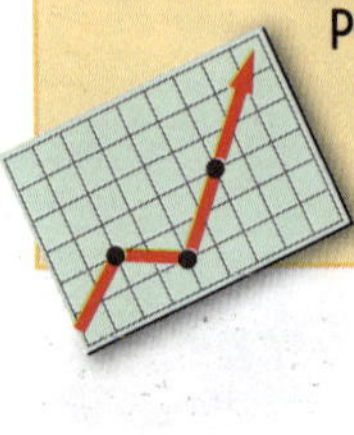

DE OLHO NO FUTURO

Você é o responsável pelo desenvolvimento de sua carreira e por manter uma postura ativa no seu trabalho. Seu superior e outros colegas podem ajudá-lo, mas a condução de seu futuro cabe a você. Aprenda a administrar o relacionamento com seu chefe e lembre-se de que está lidando com outra pessoa, que às vezes pode precisar de ajuda. Avalie os aspectos positivos e negativos seus e de seu chefe e identifique o que pode ser melhorado. Apesar das dificuldades, tente manter a melhor situação possível e aprender o máximo que puder com a convivência.

O CÉU É O LIMITE ▼

Em uma empresa de estrutura hierárquica e com poucos níveis, só quem se destaca muito consegue se sobressair e subir na carreira. Se uma organização conta com apenas três níveis hierárquicos, por exemplo, a concorrência entre os colegas tende a ser bastante acentuada.

1 pessoa — 15 pessoas — 300 pessoas

UMA FONTE DE APRENDIZADO

Se você for um profissional bem-sucedido, seu chefe terá mais chances de sucesso. Caso ele se destaque, você terá sua imagem associada a uma equipe vencedora. Os superiores gostam de ser considerados "criadores" de novos talentos. Tenha em mente que os contatos que seu superior fez ao longo da carreira podem ser importantes para você e deixe claro quais "lições" você considera mais valiosas para sua trajetória profissional.

LEMBRE-SE

- A consciência das habilidades e metas é importante para gerir o relacionamento com o chefe.
- Embora a ajuda de um superior possa ser valiosa, o futuro de sua carreira depende de você.
- Um chefe eficiente pode ensinar muito: aproveite para aprender.

3 Observe as habilidades do seu chefe.

▼ MAIS CONHECIMENTO

Muito provavelmente, seu chefe tem mais experiência do que você. Aproveite para aprender: demonstre interesse em saber mais e esteja receptivo para compreender melhor o funcionamento da empresa.

Auto-avaliação

Se você e seu superior partilharem os mesmos valores e objetivos, crescem as chances de sucesso no trabalho. Defina suas metas e prioridades (pessoais e profissionais) e aprenda a contar com seu chefe como um aliado na busca dessas realizações.

4 Associe as metas profissionais e pessoais aos seus valores.

5 Organize suas aspirações por ordem de prioridade para você.

O Que É Importante?

Saiba o que é importante para você e escolha uma carreira, setor ou empresa em harmonia com essas prioridades. Lembre-se de que seu chefe só entenderá suas motivações se souber quais são suas prioridades. Descubra seus valores e ouça suas emoções. Converse com amigos e familiares sobre as expectativas e possíveis dificuldades. Ao expor os planos, preste atenção às palavras escolhidas: elas podem revelar como você realmente se sente sobre seus projetos.

Valores e Objetivos

Valores	Objetivos
Dinheiro	Acumular R$ 500 mil em dez anos.
Carreira	Obter reconhecimento profissional em cinco anos.
Qualidade de Vida	Manter uma dieta equilibrada e praticar atividade física.
Segurança	Pagar minhas dívidas em dois anos.
Família	Não trabalhar nos finais de semana e tirar férias todo ano.
Bem-Estar	Dedicar 15 minutos diários para meditar.

QUAIS SÃO SUAS METAS?

Ter clareza quanto aos objetivos é essencial na hora de definir, no momento apropriado, o que se espera da carreira e como seu superior pode ajudar na conquista dessas metas. Relacione seus objetivos em todos os aspectos de sua vida (trabalho, formação, vida pessoal), tendo em mente que cada setor afeta o equilíbrio entre a realização profissional e individual. Se esse panorama estiver definido, será mais fácil identificar os setores que precisam de atenção.

6 **Pense nas metas levando em conta seu corpo, mente e bem-estar geral.**

▼ OBJETIVOS CLAROS

Feche os olhos e mentalize seus objetivos: sucesso na profissão, estabilidade financeira, vida familiar equilibrada. É isso o que você deseja? Procure conciliar essas metas com a trajetória até aqui.

Objetivos	A	B	C
Salário anual de R$ 120 mil mais benefícios	8	6	3
Possibilidade de crescimento profissional	7	9	4
Trabalho desafiador e envolvente	5	8	7
Menos tempo no trânsito (até meia hora)	2	5	9
Oportunidade de aperfeiçoar a formação	8	8	5
Acúmulo de experiência na área de interesse	6	8	7
TOTAL	36	44	35

Opções de carreira: A: Multinacional. B: Empresa nacional. C: Empresa pequena.
A soma indica que o item B se aproxima mais do ideal

HORA DE ESCOLHER

Ao visualizar o futuro, você irá identificar suas metas. Se os objetivos forem muito diferentes, será preciso priorizá-los, pois alguns podem ser incompatíveis com outros. Determine o que é mais importante e decida qual caminho pretende seguir, a fim de evitar "encruzilhadas" no futuro.

◀ AVALIAÇÃO DAS OPÇÕES

Em uma folha de papel, relacione seus objetivos à esquerda e crie colunas para as diversas alternativas profissionais. Dê notas de 0 a 10 para cada meta e em seguida some os pontos.

QUAL O ESTILO DO CHEFE?

Durante sua carreira, é provável que você tenha diversos chefes diferentes. Considere qual dos tipos de liderança está mais próximo ao comportamento de seu superior para poder identificar as maneiras mais indicadas de lidar com a situação.

7 Saiba adaptar seu comportamento ao estilo do seu superior.

8 Conquiste respeito dos colegas ao lidar com o chefe perfeccionista.

CHEFE IDEAL

Tente imaginar o perfil de um chefe ideal e compare com sua situação atual. Se seu superior não condiz com a imagem, procure identificar o que pode ser melhorado. Um líder de talento tem visão clara sobre os rumos pessoais e da empresa e costuma servir de inspiração para os demais. Estabelece padrões elevados para si e para os outros, tem ótima capacidade de organização e sabe delegar tarefas e motivar a equipe. Além disso, é um profissional confiante e capaz de apoiar o grupo, pois tem consciência do valor de um elogio e do reconhecimento. Em sua próxima mudança de emprego, avalie se seu possível chefe apresenta essas características ou o quanto se aproxima delas.

▼ EM BUSCA DO ENVOLVIMENTO

Um bom líder estimula sua equipe a ter responsabilidade pelo trabalho e a se comprometer com os projetos. Esse estilo permite um envolvimento bem maior do que o modelo "siga a cartilha".

ESTILO DO SEU CHEFE

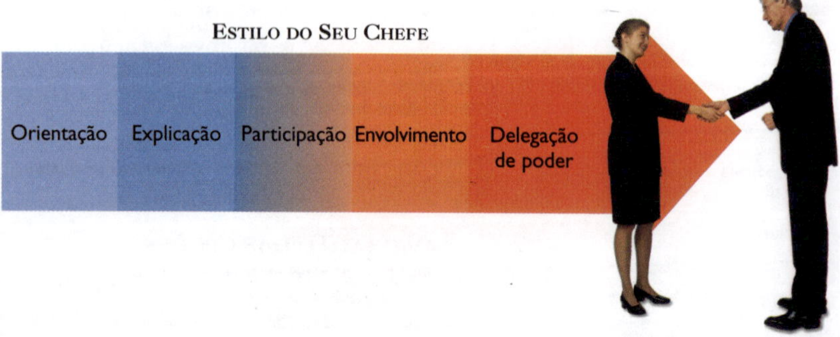

CHEFE PERFECCIONISTA

É difícil agradar um superior perfeccionista, que em geral estabelece padrões elevados. Não raro esse tipo de chefe tem dificuldade para delegar tarefas e encontra-se sempre em busca de alguma imperfeição. Um ambiente organizado e estruturado pode ser mais condizente para esse perfil. Reconheça a necessidade de controle desse tipo de profissional e procure apresentar informes regulares sobre o andamento dos projetos.

9 Informe seu superior sobre os problemas.

PERGUNTE-SE

P Meu chefe sabe se comunicar bem com a equipe e com outras pessoas?

P Qual a reputação deste profissional no emprego atual e em cargos anteriores?

P Meu superior consegue motivar a equipe a se envolver com os projetos?

P Meu chefe é capaz de estimular meu envolvimento com o trabalho?

CHEFE CAÓTICO

Esse tipo de liderança tem dificuldade para se concentrar e passa de uma proposta para outra com velocidade. Não costuma atender todas as demandas nem delegar tarefas. Porém, em geral é um profissional que lida bem com pessoas, sabe se comunicar e não hesita em ajudar. Aproveite esses atributos na hora de dividir o trabalho. Evite o acúmulo de papéis e discussões longas: prefira conversas breves para decidir o que delegar.

▼ DIFERENÇAS DE GÊNERO

Embora seja perigoso generalizar as características mais associadas a chefes mulheres ou homens, existem alguns padrões mais associados a cada gênero.

CHEFE CENTRALIZADOR

Alguns profissionais não se contentam em receber informes e querem acompanhar tudo de perto. Temem que, caso algo saia errado, ninguém os informe sobre o problema a tempo. Por mais que a tarefa pareça difícil, mostre seu trabalho e peça retorno sobre os progressos. Você terá de convencer seu chefe de que pode desempenhar responsabilidades com eficiência e competência, sem necessidade de supervisão constante.

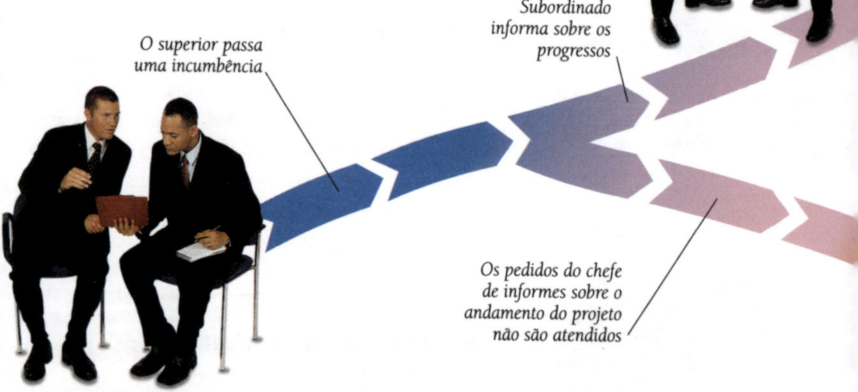

▲ **COMO LIDAR COM A INTERFERÊNCIA**
Um superior com tendência a centralizar os processos não permite muita autonomia e é preciso aprender a lidar com isso. Faça-o se sentir seguro passando todas as informações e mostre que é capaz de desempenhar bem suas responsabilidades.

10 Ganhe a confiança de um chefe centralizador.

CHEFE AUSENTE

Um chefe que parece nunca estar disponível quando sua presença é importante em geral passa de uma tarefa a outra com velocidade, evita se comprometer e tenta não se envolver em tensões. Tende a assimilar a informação rapidamente e espera o mesmo dos demais. Conta que os subordinados tenham iniciativa e acredita que passa orientações suficientes. Quem tem um superior com esse perfil precisa encontrar outras maneiras de obter as informações ou o apoio necessário. Peça ajuda para desempenhar suas incumbências, informe sobre os avanços e insista na criação de um relacionamento de mão dupla.

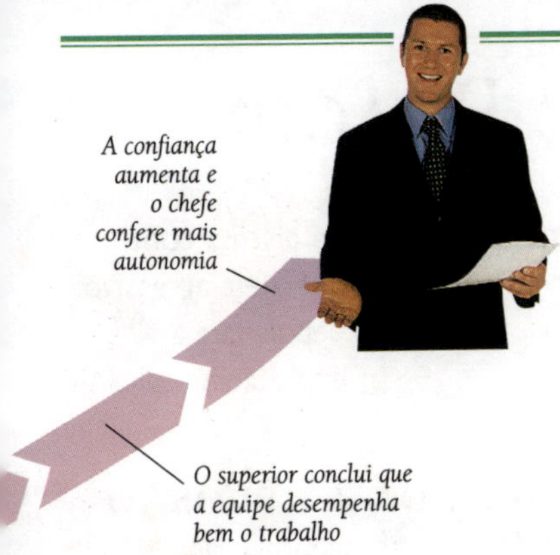

CHEFE EXPLOSIVO

Se seu superior tem explosões quando se vê em situação de estresse, aprenda a lidar com esse comportamento. É possível que se trate de uma pessoa com muita energia, que pode ser canalizada de modo positivo. Em geral, personalidades agressivas não estão acostumadas a conviver com quem discorda. Diante de um acesso de seu superior, mantenha a calma e sugira uma conversa posterior para explicar como se sente com essas reações. Deixe claro que esse tipo de situação só contribui para desmotivar e veja se a postura muda.

CERTO E ERRADO

- ✔ Ao avaliar uma oferta de emprego, verifique a rotatividade da equipe.
- ✔ Valorize as decisões tomadas pelo superior.
- ✔ Se seu chefe precisa de tempo para decidir, apresente as questões com antecedência.
- ✘ Não espere muitas decisões de um chefe com perfil hesitante.
- ✘ Evite sugerir data de reunião sem checar a agenda do chefe.
- ✘ Procure descobrir como seu chefe prefere receber informações.

CHEFE HESITANTE

Profissionais com perfil relutante precisam de aprovação e podem demorar para tomar uma decisão capaz de causar polêmica. Em relação aos subordinados, costumam elogiar mas têm dificuldades para fazer críticas, ainda que com fins positivos. Peça retorno e mostre-se disposto a ouvir. Esse tipo de chefe evita priorizar assuntos e tende a postergar posicionamentos mais difíceis. Mostre-se confortável com a tomada de decisões (desde que as bases estejam pré-acordadas) e aproveite o espaço para exercitar a autonomia.

11 Verifique qual o grau de orientação necessário.

12 Ajude o chefe hesitante a tomar decisões.

FORMAS DE REAGIR

O chefe ideal é aberto e permite que as outras pessoas ajam da mesma forma. Quem convive com superior agressivo ou passivo precisa avaliar seu modo de reagir: pode usar a mesma linguagem ou adotar um caminho mais favorável ao diálogo.

13 **Só discuta com um chefe agressivo depois que a explosão terminar.**

DIANTE DA EXPLOSÃO

Um chefe com perfil agressivo não controla os acessos de raiva e pode gritar com as pessoas por motivos banais. Avalie se você consegue lidar com essa situação: quando ocorrer uma explosão, mantenha a calma, olhe nos olhos e espere que a calma se instale. Muitas vezes, profissionais que se descontrolam podem pedir desculpas. Quando tiver oportunidade, explique que essas reações não ajudam ninguém e sugira uma conversa para discutir a situação.

◄ FIM DO EMBATE
Se nada funcionar, talvez seja preciso se posicionar para conter o acesso da chefe. Tente chamá-la pelo nome com voz firme e conseguir um espaço para falar.

AGRESSÃO INDIRETA

Existem formas indiretas de agir com agressividade, como por meio de comentários sarcásticos ou apresentando uma resistência às idéias maior do que o habitual. Nesse caso, o superior talvez tenha optado por uma via tortuosa para confrontar a outra pessoa. Em exemplos extremos, pode ser que as críticas ou reprovações ao seu trabalho cheguem a você por vias indiretas. Pense em como reagir: enfrente o problema antes que a situação piore. Em uma conversa a sós, explique como se sente, pergunte o que for importante para entender a questão e proponha uma forma de atuação.

HORA DE AJUDAR

Quem tem um chefe com perfil passivo descobre que ele tende a evitar confronto e pode hesitar em algumas situações. Atrás da aparência calma, pode estar uma pessoa com tanta dificuldade em lidar com algo como um chefe agressivo. É possível que líderes com essa característica se preocupem muito em agradar seus superiores e se esquivam para fugir das dificuldades. Tente compreender as limitações e ajude-o a exteriorizar suas opiniões fazendo perguntas objetivas.

14 Use a empatia para lidar com um chefe passivo.

▼ **SEM INICIATIVA**
Quem tem um chefe passivo às vezes pode precisar dar os primeiros passos para solucionar algum problema. Essa medida, porém, exige muito cuidado.

PASSO A PASSO

1. Avalie se você pode mudar sua maneira de reagir ao comportamento do chefe.
2. Se julgar necessário, peça um tempo para pensar no que ouviu do seu superior.
3. Antecipe a reação positiva de seu chefe e amplie as chances de ocorrer.

UMA POSTURA BENÉFICA

Um superior com uma postura positiva consegue ter uma visão equilibrada de si mesmo e dos demais. Costuma contar com bons resultados porque valoriza a contribuição de todos, enquanto chefes explosivos ou passivos ignoram os direitos alheios de se fazer ouvir e expressar suas opiniões. Em geral, sabe escutar as pessoas e, quando discorda, age de maneira construtiva, evitando ataques ou tentativas de "adequar" a resposta. Profissionais com atitude positiva podem contar com comportamento aberto por parte dos outros.

A ARTE DE DELEGAR TAREFAS

Habilidade gerencial de grande importância, a capacidade de dividir responsabilidades é essencial para o relacionamento entre chefe e subordinado. Bons líderes sabem delegar e permitir que os talentos de uma equipe se desenvolvam.

15 **Execute tarefas rotineiras, mas não dedique muito tempo a elas.**

16 **Seja receptivo às novas responsabilidades.**

17 **Negocie prazos realistas para as tarefas novas.**

MODO DE GESTÃO

A princípio, espera-se que um chefe tenha as habilidades profissionais necessárias para a função e esteja disposto a apoiar o desenvolvimento da equipe. Observe o modo como seu superior comanda as pessoas e avalie se aprecia ou não esse estilo. Verifique se o líder de sua equipe sabe dividir as responsabilidades e identifique como aprender mais sobre delegação de tarefas.

ESTUDO DE CASO

Ângela Silva atuava em uma empresa rentável bastante associada à personalidade carismática do fundador. Sua chegada na organização foi movida pela decisão de ampliar o negócio, mas a equipe gestora enfrentava dificuldades porque o chefe não abria mão de tomar as decisões.

Ângela propôs uma reunião entre o dono da empresa e os executivos, mediada por um profissional externo. Juntos, avaliaram as metas e responsabilidades e discutiram os riscos da concentração de algumas atribuições centrais.

A conversa franca permitiu optar por direcionar o carisma inquestionável do fundador para iniciativas de relações públicas, enquanto os outros executivos se incumbiam dos aspectos operacionais e do atendimento aos clientes.

A divisão funcionou: em três anos, a empresa superou as expectativas de crescimento.

PAPÉIS DEFINIDOS ▶

O fundador de uma empresa de sucesso precisava gerir o crescimento da organização. Optou por confiar em sua equipe de executivos e dividir tarefas e responsabilidades.

SEU CHEFE DIVIDE RESPONSABILIDADES?

Pergunte-se se seu superior sabe delegar. Se a maioria das respostas for "não", você terá de dedicar esforço especial para, com o tempo, mostrar que quase todas as atribuições (com exceção dos aspectos estratégicos ou das atribuições específicas dele) podem ser delegadas.

"Meu superior entende a diferença entre manter o controle geral e tomar todas as decisões?"

"É uma pessoa segura a ponto de não se sentir ameaçado se eu desempenhar bem as tarefas delegadas a mim?"

"Dedica tempo para ajudar a equipe a desenvolver as habilidades necessárias para delegar tarefas?"

"Quando delega uma tarefa, transfere também autonomia para tomar decisões?"

ESPAÇO ABERTO

Você pode influenciar na dose de autonomia que seu superior atribui a você. Mesmo que suspeite que apenas as tarefas que ele não aprecia chegam à sua mesa, tente mostrar que as coisas podem ser diferentes. Aceite as atribuições mais rotineiras e cumpra os prazos e determinações combinados. Informe sobre os progressos e mostre-se receptivo a novas atribuições. Tenha em mente que seu superior só irá confiar mais responsabilidade se estiver convencido de sua competência.

Superior designa funcionário para uma tarefa além de suas habilidades

Funcionário pede treinamento

AUTONOMIA TOTAL ▶
Alguns superiores delegam todos os aspectos de suas atribuições. Embora seja uma boa chance de mostrar capacidade, certifique-se de que tem condições para assumir a incumbência.

18 Lembre-se de que toda delegação de autoridade envolve responsabilidade.

Como É Seu Relacionamento?

Pessoas que trabalham juntas podem entrar em um ritmo rotineiro. Mas as metas da empresa mudam e os profissionais se desenvolvem, e é preciso avaliar se a parceria continua eficiente. Talvez esteja na hora de alterar alguns aspectos.

19 Mude em vez de esperar que seu chefe adote uma postura nova.

Relacione os aspectos positivos e o que precisa ser melhorado

↓

Tente imaginar as respostas de seu chefe e demais superiores

↓

Analise as respostas a partir de perspectivas distintas

↓

Identifique o que pode ser melhorado e apresente ao chefe junto com os possíveis ganhos

▲ **PONTOS DE VISTA DISTINTOS**

Na hora de avaliar a parceria com o chefe, não se limite ao seu ponto de vista. Adote perspectivas diferentes e analise todos os aspectos do trabalho conjunto.

É Preciso Mudar Alguma Coisa?

Pense nos objetivos que cabem a você e a seu chefe dentro da empresa. Avalie como vocês lidam com essas responsabilidades e verifique se a parceria funciona bem. Se identificar algum aspecto que requer mudança, seja específico: pergunte-se o que favorece e o que prejudica a atuação de vocês e organize uma lista das mudanças possíveis associadas aos prováveis benefícios e discuta com seu superior.

Certo e Errado

- ✔ Acredite que seu trabalho deve melhorar sempre.
- ✔ Tente entender o ponto de vista do seu chefe.
- ✔ Procure soluções capazes de agradar todos os envolvidos.
- ✔ Avalie o relacionamento com seu superior, sobretudo se achar que nada muda.

- ✘ Evite tomar medidas sem antecipar a opinião do superior.
- ✘ Não parta do princípio de que seu chefe está de acordo.
- ✘ Jamais resista a mudanças sem avaliar possíveis benefícios.
- ✘ Não descarte as lições que você e seu chefe aprenderam com a atuação conjunta.

Satisfação Para Todos

Se você fizer alguma sugestão a seu chefe, ouça o que ele tem a dizer. Caso não concorde com você, faça perguntas que exigem respostas mais longas do que apenas "sim" ou "não" e tente entender o ponto de vista dele. Apresente as vantagens de sua sugestão e esteja aberto a alternativas. Se os dois adotarem uma postura aberta, será possível chegar a uma solução que agrade a todos. Caso seu superior não considere a mudança necessária, talvez seja momento de procurar outra colocação.

20 Aponte situações que podem ser modificadas.

21 Encerre todas as conversas com um tom positivo.

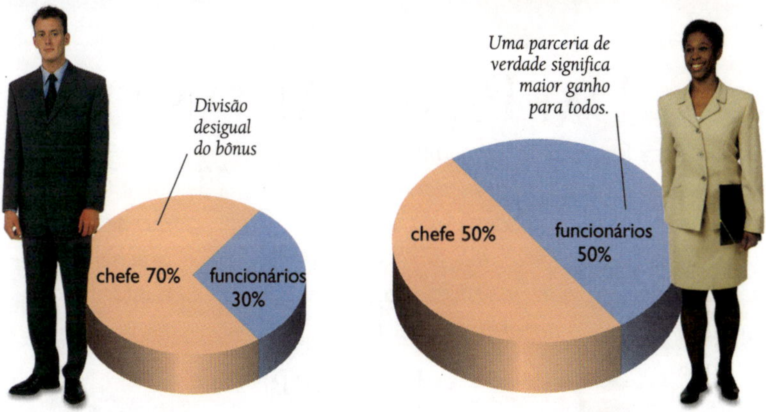

▲ **A FORÇA DA EQUIPE**

A melhora no relacionamento com seu chefe significa maior eficiência na equipe. Uma solução que agrade a todos pode resultar em um saldo melhor do que seria possível em uma atuação isolada.

22 Ao mudar de chefe, dê tempo para conhecê-lo.

Situação de Mudança

Em algum momento, você ou seu chefe irão deixar o cargo que ocupam hoje. Esteja preparado para um novo relacionamento e avalie o novo superior de forma objetiva. Se você se dava bem com o chefe anterior ou atuaram juntos por um período longo, pode ser difícil evitar comparações. Mas não deixe que o passado contamine a relação que vai começar e evite referências constantes ao que passou. Tanto você quanto o novo superior terão de investir tempo para formar uma parceria.

TRABALHO EM HARMONIA

Para saber lidar com seu chefe você precisa se conhecer, atuar de maneira correta e ter iniciativa. Identifique o que seu superior considera importante para poder ajudá-lo a atuar da melhor forma.

UM PASSO ADIANTE

Mostre iniciativa e economize tempo do chefe. Aprenda seu modo de atuar e antecipe-se às necessidades. Ao apresentar uma dificuldade, sugira uma solução. Caso seu superior seja parte do problema, tente abordar a questão de forma positiva.

23 Identifique o que seu superior precisa saber e informe-o.

▲ **AGENDA DE REUNIÕES**
Se seu chefe prefere ouvir, prepare-se para participar de reuniões e complementar os informes por telefone, por exemplo.

PREFERÊNCIAS

É essencial conhecer o estilo de trabalho de seu chefe para poder identificar a melhor forma de comunicação. Descubra como ele gosta de receber informações e em qual frequência: talvez prefira reuniões rápidas para solucionar problemas pontuais ou então faça questão de encontros periódicos, com definição prévia de agenda. Identifique também se seu superior prefere ouvir relatos ou ler informes. Alguns chefes optam por receber relatórios e apresentar suas dúvidas depois, outros acham as apresentações verbais mais eficientes.

COMUNICAÇÃO EFICIENTE

Depois de identificar como seu superior gosta de receber as informações e em qual frequência, ficará mais fácil mantê-lo a par de questões importantes e garantir espaço para desempenhar suas atribuições por conta própria. Pergunte se bastam informes quando a questão estiver solucionada ou se ele faz questão de saber o que se passa em cada etapa. Tenha em mente que a natureza de cada projeto pode requerer sistemas diferentes de partilha de informação.

24 Distribua seus relatos de acordo com as etapas.

25 Se seu chefe prefere ler, faça relatórios.

COMO SE COMUNICAR COM SEU CHEFE

SISTEMA	OBJETIVO	ADEQUAÇÃO
E-MAIL 	Registrar os dados e para questões sem grande urgência.	Quando o chefe gosta de usar e-mails e tem tempo para responder. Use esse recurso quando quiser registrar uma solicitação ou um informe importante.
 TELEFONE	Solucionar o problema na hora.	Quando seu superior não se importa em ser interrompido e gosta de ouvir e responder. As chamadas telefônicas devem se limitar a questões urgentes.
REUNIÕES RÁPIDAS 	Discutir questões recentes e que exigem atenção urgente.	Quando seu chefe gosta de soluções rápidas. Recurso ideal para transmitir informações importantes ou abordar questões que exigem urgência.
 MEMORANDO	Apresentar explicações e lembrar do *follow-up*.	Quando seu superior prefere papéis a ler e-mails. Os memorandos são indicados para o registro de dados que precisam ser retomados.
REUNIÕES CLÁSSICAS 	Discutir pessoalmente de acordo com uma agenda prévia.	Quando o chefe aprecia o contato presencial. Reuniões com agenda definida ajudam a manter a atualização e propiciam o retorno a suas iniciativas.

QUAL É O PROBLEMA?

Falhas, como o não cumprimento de metas ou a tomada de decisões com consequências negativas, afetam a reputação de sua equipe. Identifique as causas do problema, reúna dados sobre as dificuldades mais recorrentes e faça uma análise criteriosa em busca dos possíveis motivos. Em seguida, dedique-se à busca das soluções: pondere os benefícios de cada alternativa, levando em conta o ponto de vista de seu chefe e também da empresa. A opção que apresentar mais benefícios provavelmente é a que mais pode ajudá-lo a melhorar o quadro.

26 Pense o que mudaria se tivesse poderes mágicos.

27 Antes de apresentar suas sugestões, organize as idéias.

PROPOSTA CONSISTENTE

Informe-se sobre o problema
↓
Identifique as possíveis causas
↓
Faça uma lista de soluções possíveis
↓
Considere os riscos e benefícios de cada alternativa
↓
Elabore um plano de ação

PERGUNTE-SE

- P Eu me esforço para encontrar a causa dos problemas?
- P Tento reunir todas as informações sobre uma questão?
- P Sei identificar quando o problema ocorre?
- P Avalio todas as soluções possíveis?
- P Estou preparado para responder todas as dúvidas do chefe?
- P Tenho consciência de todos os benefícios e riscos da proposta?

SOLUÇÕES POSSÍVEIS

Prepare um resumo de sua análise do problema, incluindo as eventuais causas, e apresente a seu chefe. Se ele for uma pessoa metódica, irá apreciar essa forma lógica e detalhada, sobretudo se preferir abordar uma questão por partes. O mesmo sistema pode agradar um superior que prefere receber um panorama instantâneo do que precisa ser considerado. Apresente os passos necessários, quem irá tomá-los e quais os prazos e possibilidades, a fim de chegar a um plano de ação conjunta.

CONVERSA DIRETA

Se alguns aspectos da personalidade do seu chefe e sua falta de habilidade em compensá-los prejudicarem a equipe, avalie as chances de uma conversa aberta. Uma discussão honesta pode trazer benefícios para ambos e ajudar a solucionar problemas antes que eles se intensifiquem.
No entanto, se acreditar que seu superior possa ter uma reação negativa à sua iniciativa, evite abordar os aspectos com os quais acha que pode conviver e apresente só as questões realmente urgentes.

28 Solucione os conflitos com seu chefe antes que se tornem sérios.

29 Só apresente um problema quando seu superior puder dedicar atenção.

OPINIÃO VALIOSA

A disposição sua e de seu chefe em dar opiniões construtivas constitui um elemento essencial da solidez da parceria. Você pode apresentar uma opinião mais motivacional, como um elogio, ou de caráter mais específico, como um alerta para um problema. Este último é bem mais difícil, pois exige uma abordagem cuidadosa e positiva. Saiba com clareza o que irá dizer e avalie se, de acordo com a reação que imagina encontrar, as vantagens superam os riscos.

▼ **CRÍTICAS CONSTRUTIVAS**

Na hora de apresentar sugestões ou fazer comentários, adote uma postura positiva e jamais um tom de crítica agressiva.

Funcionário sugere medidas que podem melhorar os procedimentos

Superior ouve com atenção as considerações

LEMBRE-SE

- Reúna os fatos e avalie as causas de um problema que deseja resolver antes de procurar as soluções possíveis.
- Você terá mais chances de convencer se suas sugestões forem apresentadas junto com os benefícios possíveis.
- Para ter efeito, as opiniões precisam ser construtivas.
- Os elogios feitos aos superiores ou colegas devem sempre ser verdadeiros e motivacionais.

O VALOR DA ATITUDE POSITIVA

Uma imagem confiante e segura sempre ajuda a impressionar seus chefes e colegas. Procure manter uma atitude positiva e otimista e valorize esse tipo de influência dentro de seu grupo.

30 **Preserve sua saúde e garanta energia para o trabalho e seus desafios.**

31 **Adote uma postura positiva e otimista.**

COMO CAUSAR BOA IMPRESSÃO

Lembre-se de que uma imagem pode ajudar ou piorar tudo, e isso vale para seu modo de agir, falar e se vestir, por exemplo. A linguagem corporal positiva costuma revelar muito sobre as pessoas. Com uma postura correta, você passa a mensagem de que tem condições, não teme desafios e pode assumir projetos mais ousados. Se seu trabalho envolve fazer apresentações por escrito, dedique sempre o mesmo cuidado a itens como precisão, apresentação e pontualidade.

APARÊNCIA ▼

Sempre apresente-se da forma adequada, olhe para as pessoas ao falar com elas e seja claro ao se expressar. Essas características reforçam uma imagem positiva.

Subordinado apresenta proposta de maneira objetiva e segura

A chefe fica impressionada com a clareza

Além das Expectativas

Como regra, prometa menos do que pode realizar e cumpra mais. Superar as expectativas é uma maneira eficiente de se fazer notar e mostrar que vale a pena investir em você para o futuro. Os superiores gostam de saber que podem contar com seus subordinados quanto ao cumprimento de prazos e responsabilidades. Seja o primeiro a apresentar soluções inovadoras e procure maneiras de ajudar os demais.

32 Considere sempre as consequências de suas atitudes.

▼ **BOAS INFLUÊNCIAS**
Você faz parte de uma equipe e, por meio de uma abordagem positiva, pode exercer influência sobre a atitude dos outros.

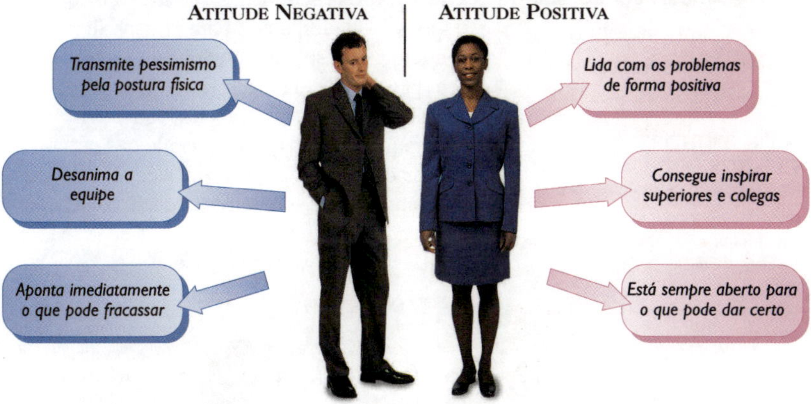

Você Está Bem?

Nossas expressões físicas podem condicionar o estado psicológico e, às vezes, basta sorrir para melhorar o ânimo. Pense nas conquistas passadas e ajude os outros, inclusive seu chefe, a valorizar as próprias realizações e a pensar positivo.

Disposição e Otimismo

Tenha em mente que qualquer pessoa prefere conviver com quem traz energias positivas em vez de esgotá-las. Manter uma postura positiva pode ajudar a renovar as forças quando a tarefa envolver um desafio maior. Seja qual for a sua posição no grupo, tente sempre inspirar as outras pessoas a manter a motivação e não perder os objetivos de vista. Diante de uma meta, ressalte sempre o que você consegue fazer em vez de destacar suas limitações.

DEFINIÇÃO DE PAPÉIS

Cabe a você e a seu superior a responsabilidade pelo desenvolvimento de um relacionamento profissional de sucesso. É essencial definir e compreender os limites das atribuições de cada um e valorizar a construção de uma parceria.

33 Desde o início, defina os limites do relacionamento.

34 Harmonize suas metas com o que seu chefe julga importante.

▼ CRITÉRIOS CLAROS

Na hora de definir objetivos, converse com seu chefe e peça para esclarecer os critérios que serão usados para avaliar seu desempenho.

ATRIBUIÇÕES DIVIDIDAS

Existem diversas maneiras de determinar as responsabilidades, que variam de especificações contratuais a resultados que podem valer prêmios. Sem perder a flexibilidade, procure ter clareza quanto a seu trabalho, responsabilidades e autonomia. Saiba o que é esperado de você e quais os critérios usados para aferir seu sucesso. Também procure compreender quais são as atribuições de seu chefe e as formas de avaliação de desempenho válidas para ele.

O chefe ajuda a determinar as responsabilidades

Subordinada avalia as expectativas

INÍCIO SUAVE

Se você quer estabelecer com seu superior um relacionamento que permita que ambos se expressem abertamente, é preciso investir. Tente promover reuniões periódicas para discutir projetos e aproveite as oportunidades para abordar eventuais dificuldades, em vez de agendar uma conversa com esse objetivo. Procure compreender o modo de agir de seu superior e observe eventuais mudanças de comportamento. Se você conseguir estabelecer uma relação de confiança, será mais fácil pedir ajuda.

35 Olhe nos olhos e faça perguntas claras ao falar com seu chefe.

AGENDA

1. Pauta da reunião (Ouça os itens sugeridos e tente chegar a um acordo quanto a três prioridades)
2. Assunto 1
3. Assunto 2
4. Assunto 3
5. Resumo
6. Medidas a serem tomadas

Procure limitar o número de assuntos abordados a três

Resuma o que foi combinado para se certificar de que as decisões ficaram claras para todos

◀ **CONTEÚDO DA REUNIÃO**
Antes de começar a reunião, apresente os temas possíveis e, junto com seu chefe, determine as questões prioritárias.

PARCERIA DE SUCESSO

Um bom relacionamento profissional combina os talentos do chefe e do subordinado, de forma que o resultado da ação conjunta supera a atuação individual. Porém, é importante que haja espaço para criatividade e iniciativa. Desde o início, saiba quanto do seu trabalho será apenas de sua incumbência e qual a participação exata de seu chefe. Evite mal-entendidos: seu superior pode ter uma opinião diferente sobre o nível de autonomia ideal para um projeto ou para as tarefas do cotidiano.

36 Tenha clareza quanto às expectativas da empresa em relação a você e a seu chefe.

CONFIANÇA MÚTUA

A confiança se constrói quando as promessas são cumpridas e não há dúvidas quanto à qualidade dos resultados. O processo envolve uma fase experimental, na qual o chefe confia até ser desapontado ou não confia até ser convencido.

37 **Esforce-se para ganhar a confiança dos superiores.**

38 **Pergunte sobre seu desempenho e procure melhorar.**

CONQUISTA GRADUAL

Se seu chefe confia nas pessoas, irá esperar que você cumpra as expectativas e só mudará de postura se você o decepcionar. Provavelmente, ficará satisfeito se você deixar claro o que pretende fazer e apresentar informes ao longo do processo. Já um superior desconfiado pode tentar "testá-lo" e só dar mais autonomia depois de concluir que você é confiável. Neste caso, o subordinado precisa conquistar espaço. Observe sinais que possam revelar as inseguranças do chefe e fique atento. Depois de conquistada a confiança, a forma de atuação será outra.

Objetivo final dividido em metas menores

Registro para avaliação dos progressos

AVALIAÇÃO DE PROGRESSOS

Meta principal Concluir o projeto X no prazo e dentro do orçamento previsto. **Metas secundárias** 1. Adequar os setores de arquivo e banco de dados aos padrões de outras áreas sem criar conflitos. 2. Atualizar a biblioteca central e implantar novo sistema de catalogação. 3. Organizar arquivos vindos das outras áreas de acordo com a nova organização.	**Avaliação** Uma vez por mês ou ao final de cada etapa importante. **22/09/07** Transferência realizada no prazo e sem ocorrências de extravio ou danos. **15/10/07** Atualização concluída na data prevista. Início da implantação do novo sistema de catalogação com uma semana de atraso. **22/10/07** Próxima revisão.

Datas para aferição do andamento

Registro dos sucessos e fracassos

Próxima reunião com chefe

◀ **ANÁLISE DO CAMINHO**

Use um sistema de registros para criar um panorama das conquistas e identificar eventuais problemas desde o início.

39 **Informe seu superior sobre as conquistas e novos aprendizados.**

PRIMEIRO PASSO

É desafiador tomar a iniciativa sem "passar por cima" do superior. Realize as atribuições do seu cargo e aja com responsabilidade, o que envolve executar bem, conferir e dar acompanhamento a suas tarefas. Tomar iniciativas é ir além do que está previsto: significa observar o que mais pode ser feito e não esperar orientações para agir.

40 **Ofereça-se para ajudar caso seu superior esteja sobrecarregado.**

CERTO E ERRADO

- ✔ Mostre que você cumpre o que é esperado de você.
- ✔ Se seu chefe se sente desapontado, não espere para conversar.
- ✔ Explique os motivos do fracasso de um projeto e peça ajuda.
- ✘ Não crie desculpas que não correspondem à realidade.
- ✘ Evite tomar iniciativas sem ter certeza da aprovação do chefe.
- ✘ Não pense que os problemas não serão descobertos.

COMO PRESERVAR A CONFIANÇA

É importante investir tempo para preservar a confiança entre você e seu chefe. Avalie os riscos das tarefas delegadas a você e identifique meios de evitar problemas. Caso discorde de seu chefe, manifeste sua opinião em particular, a menos que o superior o consulte diante de outras pessoas. Se criar uma situação desconfortável sem querer, peça desculpas sem demora e não hesite em falar individualmente se houver algum mal-entendido. Com esses cuidados, você pode tomar iniciativas sem correr o risco de comprometer a confiança.

◀ **RECONSTRUÇÃO DA CONFIANÇA**
Confiança partida exige investimento para ser recuperada, por mais difícil que possa parecer. Se você deixou de atender às expectativas do chefe e percebe que isso trouxe consequências, procure conversar para reduzir as chances de mal-entendidos.

COMO SER PARCEIRO DO SEU CHEFE

Para formar uma parceria consistente, você e seu chefe precisam conciliar o que cada um pode fazer melhor. Informe-se sobre as prioridades de seu superior, entenda seu modo de pensar e demonstre interesse e capacidade de avaliação.

41 Compreenda os objetivos da empresa.

42 Avalie como seu chefe prioriza as tarefas.

43 Informe-se sobre os clientes e concorrentes.

QUAIS SÃO AS PRIORIDADES?

Lembre-se de que seu chefe deve atingir objetivos da empresa. Pergunte quais são as prioridades para a busca dessas metas e concentre seu tempo. Se seu superior dedica mais tempo ao que aprecia fazer do que às prioridades, talvez seja preciso redirecionar a atenção para assegurar que os esforços da equipe estejam voltados para o rumo certo. Identifique os principais desafios de sua empresa e mantenha-se atento aos movimentos da concorrência.

MANEIRA DE PENSAR

Se seu superior não tem tempo e não dedica muito espaço para conversar com as pessoas, você terá de aprender a pensar como ele, ainda que seja um profissional com pouca experiência. A tarefa ficará bem mais fácil se você identificar as prioridades e valores do seu chefe. Descubra se ele tem um perfil mais criativo ou mais lógico: observe seu raciocínio e avalie as soluções que ele encontra. Se seu superior se destaca por tomar decisões corretas, invista no aprendizado dessa importante habilidade.

PERGUNTE-SE

P Quando faço uma sugestão, o que meu chefe avalia primeiro: os detalhes ou o panorama?

P Meu superior toma decisões rapidamente ou posterga?

P Costuma reagir bem a novas idéias e propostas de mudança?

P Meu superior costuma planejar as coisas ou é surpreendido por fatos inesperados?

A MENTE HUMANA

LADO ESQUERDO DO CÉREBRO	LADO DIREITO DO CÉREBRO
• Pensamento lógico	• Pensamento intuitivo
• Raciocínio linear	• Raciocínio amplo
• Avaliação analítica	• Avaliação do panorama
• Necessidade de fatos e detalhes	• Influência das emoções
• Objetividade	• Subjetividade

APOIO VALIOSO

Estimule seu superior a reconhecer que ambos têm aspectos positivos e negativos e procure identificar os pontos de complementaridade. Descubra de quanto tempo ele precisa para tomar uma decisão e sempre informe os fatos com antecedência. Se seu superior for do tipo caótico, preste atenção para que as tarefas não fiquem sem conclusão. Líderes com dificuldade para decidir podem apreciar se a equipe os lembrar dos acertos do passado.

44 Se seu superior preferir, discuta um assunto por vez.

▼ TRAÇOS OPOSTOS

Se sua forma de pensar for oposta à do seu superior, aproveite as diferenças e invista na complementaridade. As formas distintas de ver as coisas podem criar um panorama rico e mais completo.

GESTÃO DA CARGA DE TRABALHO

Gerenciar bem as atribuições e realizar as tarefas no prazo conta pontos a favor. Profissionais bem-sucedidos sabem se concentrar no que é prioritário, utilizam o tempo com habilidade e não assumem mais incumbências do que podem cumprir.

45 Dedique mais tempo para tarefas que costuma subestimar.

QUESTÃO DE PRIORIDADE

Concentre-se no que é importante e faça um planejamento realista, prevendo tempo para lidar com situações inesperadas. Priorize as suas incumbências e comece pelas tarefas que exigem mais urgência. Delegue o que for possível para garantir o cumprimento dos prazos. Se concluir uma tarefa antes do previsto, passe a prioridade para outro item da lista.

▼ CRONOGRAMAS

Na hora de programar seu dia, leve em conta os momentos mais indicados para a realização de cada tarefa. Priorize o que precisa ser concluído e estime o tempo necessário para a execução de cada item. Depois de terminada a jornada, avalie se a estimativa de tempo foi realista.

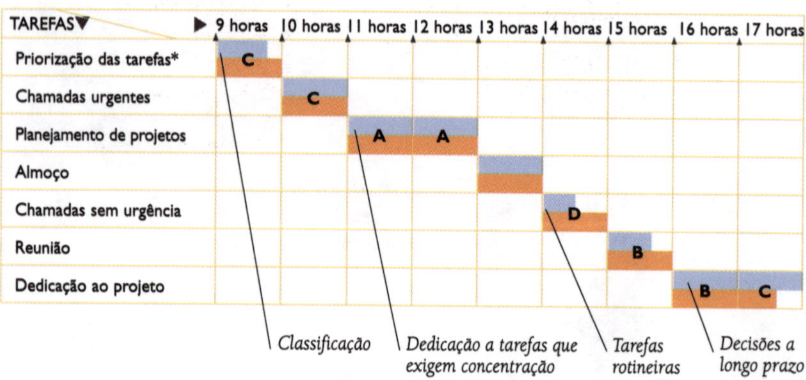

*CATEGORIAS:
A : Importante + urgente **B** : Importante/não urgente
C : Urgente/não importante **D** : Não urgente/não importante

Tempo estimado
Tempo dedicado

MENOS INTERRUPÇÕES

Interrupções frequentes impedem a concentração em objetivos importantes. Analise a forma de empregar seu tempo e avalie se há excessos ou desperdícios. Em seguida, organize-se para eliminar os fatores de distração. Se preferir, mantenha a porta do escritório fechada quando tiver de se dedicar a um assunto absorvente. Caso trabalhe em um ambiente aberto, informe os colegas que precisa se concentrar. Convém que as reuniões com superiores e colegas sejam breves e obedeçam a uma duração pré-definida. Valorize o tempo de seu chefe e evite interrompê-lo sem necessidade.

REUNIÃO RELÂMPAGO ▶
Alguns assuntos podem ser decididos em um encontro breve e sem acomodação. Dessa forma, as pessoas vão direto ao ponto e evitam comentários desnecessários.

46 Se precisar se concentrar, desvie as chamadas telefônicas.

47 Explique suas dificuldades e saiba recusar quando for necessário.

HORA DE DIZER "NÃO"

Nem sempre é possível assumir tudo o que é solicitado. Na hora de recusar, aja de maneira positiva e responsável, explicando com base em bons argumentos o motivo da decisão. Em geral, a impossibilidade se deve à existência de muitas outras tarefas, igualmente importantes. Esclareça do que se trata e pergunte a seu chefe como ele priorizaria essas atribuições. Tenha em mente que é melhor recusar de forma objetiva do que apresentar desculpas excessivas, que só servirão para confundir a mensagem. Se você tiver dúvidas quanto às possibilidades de assumir mais uma atribuição, peça tempo para avaliar o panorama antes de dar uma resposta definitiva.

POSTURA LEAL

Agir de maneira leal significa dar apoio e ajudar o superior, além de se esforçar para compreender as necessidades e expectativas dele. Cabe ao funcionário se manter comprometido e consciente de seus limites em caso de incompatibilidade.

48 Crie relações "de mão dupla" com os colegas.

49 Antes de aceitar um emprego, avalie os valores da empresa.

50 Falar bem do chefe conta a seu favor.

IMPORTÂNCIA DA RECIPROCIDADE

Seu relacionamento com seu superior pode ser comparado a uma via de mão dupla. Seu chefe representa a organização para a qual você trabalha e cabe a ele direcionar as atribuições de forma a atingir determinados objetivos, além de criar as condições para que isso aconteça. Também é responsabilidade dele orientar e proporcionar treinamento para sua equipe. Por outro lado, espera-se que o funcionário se dedique a fazer o melhor possível e mantenha uma postura de lealdade em relação ao empregador.

BOA IMAGEM

Ser leal envolve se esforçar para manter uma boa imagem do superior em público. Ao lutar pela maior credibilidade do chefe, o funcionário reforça sua posição e firma sua confiabilidade. A tarefa é mais fácil se seus valores coincidem com os do chefe e da empresa. Porém, caso a postura do superior envolva medidas com as quais você não concorda, é melhor esclarecer. Só assim será possível determinar se a dificuldade decorre de um mal-entendido ou se existe incompatibilidade de fato.

▲ CONVERSA SINCERA
Se o estilo de trabalho de seu chefe não o agrada, seja honesto. A resposta do superior o ajudará a avaliar se é possível buscar compatibilidade.

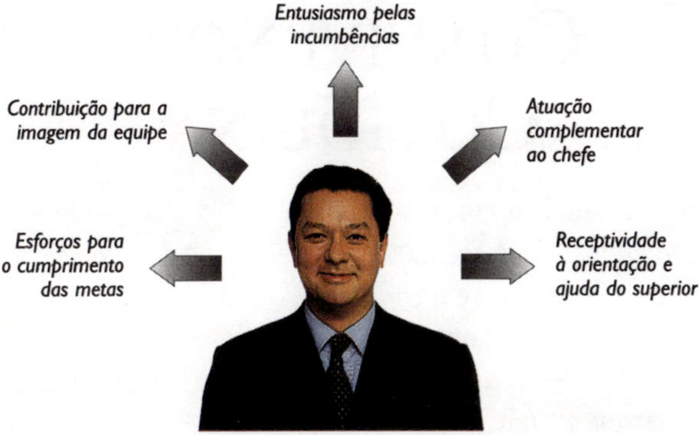

SITUAÇÃO CRÍTICA

Quando o superior adota uma postura com a qual o subordinado não concorda, a lealdade enfrenta um teste. Se o comportamento do chefe contradiz as orientações e expectativas da empresa, informe sobre suas preocupações e dê tempo para eventuais mudanças. Caso a situação perdure, procure o setor de recursos humanos. Consulte sua consciência para definir os limites de tolerância, mas lembre-se de que se trata de uma situação altamente delicada.

▲ **RECONHECIMENTO**
Um funcionário leal se compromete com a empresa e com seus superiores. Mantém uma postura de dedicação sempre que sentir que esse é o caminho correto.

51 Considere o que outros envolvidos podem achar.

ESTUDO DE CASO

José estava satisfeito com seu emprego e tinha um bom relacionamento com a chefe. No entanto, foi contatado por uma agência de recrutamento para candidatar-se a uma vaga mais graduada em uma empresa concorrente. José sentiu-se dividido entre a tentação de saber mais sobre a proposta e a lealdade a sua superiora, e optou por revelar o convite. A chefe de José foi compreensiva e informou que, embora não desejasse sua saída, acreditava que ele tinha direito de procurar novas opções profissionais. Na primeira entrevista, José respondeu sobre o trabalho com os colegas e decidiu sair do processo seletivo.
Alguns meses depois, a empresa onde José trabalhava foi comprada pelo mesmo concorrente. José e sua chefe foram promovidos e sua lealdade à empresa e à equipe foram premiadas.

DECISÃO ACERTADA ▶
Um profissional optou por permanecer leal a sua empresa diante de uma oferta de trabalho e teve sua postura recompensada.

CONVIVÊNCIA COTIDIANA

A diferença hierárquica em relação a seu chefe pode dificultar a socialização. Mas, se você e seu superior se tornarem amigos, esteja atento aos limites do relacionamento e também ao modo como os colegas consideram a situação.

52 Converse sobre assuntos neutros, como férias ou *hobbies*.

53 Aprenda a cultivar uma rede de contatos eficiente.

▼ **SEMPRE ALERTA**

Nos eventos sociais, evite beber demais ou se exceder. Algumas vezes, o fato de estar fora do ambiente de trabalho estimula a liberdade e pode trazer consequências.

CONVERSA INOFENSIVA

Saber falar as coisas adequadas é uma arte, mas em uma situação social uma regra que costuma prevalecer é evitar os assuntos polêmicos. Tente se concentrar em conhecer pessoas novas e se certifique de que todos estão confortáveis, sobretudo se seu chefe for o anfitrião. Se alguém entrar em um assunto pessoal demais ou relacionado a aspectos delicados de sua empresa, mude de assunto sem demora.

▲ PRÁTICA ESPORTIVA
Dedicar-se a uma atividade física na companhia do chefe ou de colegas pode ser uma maneira de estreitar os laços criados no trabalho.

LIMITES NECESSÁRIOS

O relacionamento com seu superior é acima de tudo profissional, e exceder na dose de amizade pode causar confusão. Se seu superior também é seu amigo, pode ser difícil negar um favor, como uma solicitação para ficar até mais tarde para cumprir um prazo. Embora os dois acreditem na capacidade de separar as coisas, nem sempre os demais integrantes da equipe pensam o mesmo. Se houver suspeitas de favoritismo, tanto você como seu chefe não irão agir de forma natural e pode ocorrer mal-entendidos. Se você quer preservar a amizade, não perca esses riscos de vista.

EQUILÍBRIO SAUDÁVEL

Muitas pessoas conseguem preservar a amizade e um relacionamento profissional com superiores e colegas. No entanto, esse cenário pode se alterar com a entrada de novas pessoas no ambiente ou com fatos que mudam o estilo de vida seu ou de seu chefe. Tente manter a objetividade: discuta os problemas com seu superior de forma aberta e, se concluir que é o caso, peça ajuda para planejar uma mudança na carreira.

CERTO E ERRADO

- ✔ Ainda que se tornem amigos, mantenha o profissionalismo.
- ✔ Dê apoio a seu chefe em ocasiões sociais.
- ✔ Conheça a política da empresa sobre amizade no trabalho.
- ✘ Não esqueça da opinião dos colegas ao se aproximar do chefe.
- ✘ Não deixe que outros se sintam excluídos.
- ✘ Se a amizade acabar, não discuta assuntos pessoais com o chefe.

DIFERENÇAS CULTURAIS

Em países como a Suécia, é comum eventos sociais que reúnem chefes e subordinados, como a partilha das refeições. Em locais de cultura mais tradicional, por outro lado, esse tipo de interação não ocorre e os superiores em geral fazem as refeições separados de suas equipes.

54 Lembre-se de que os relacionamentos podem mudar.

GESTÃO DE CONFLITOS

Ignorar um conflito é a melhor maneira de permitir que piore. Tome medidas assim que identificar uma crise e aprenda a lidar tanto com comentários positivos quanto negativos.

SOLUÇÃO DE PROBLEMAS

Situações difíceis exigem medidas cuidadosas. Se você notar algum sinal de conflito, avalie o que está acontecendo. Converse com seu chefe para eliminar todas as dúvidas e propor um caminho de ação a fim de solucionar o problema.

55 Entenda o modo de reagir de seu chefe e esteja atento a mudanças.

56 Certifique-se de que seu superior conta com você.

57 Avalie a linguagem corporal em busca de sinais de conflito.

LINGUAGEM SILENCIOSA

Uma fonte de conflitos bastante comum pode ser a insegurança do superior em relação a sua posição, conforme outros integrantes da equipe ganham projeção. Quando isso acontecer, é importante ter em mente que o trabalho conjunto apresenta melhores resultados do que a competição. Observe os sinais: se seu chefe demonstra irritação constante com você ou amplia as consequências de alguma falha, pode haver algum problema. Explosões repentinas e sem sentido também são sinais de alerta, assim como a mudança súbita no comportamento.

> **PASSO A PASSO**
>
> 1. Se notar mudança no modo de agir, seja rápido.
> 2. Seja sincero na hora de expressar o que sente.
> 3. Caso seu superior esteja errado, dê uma chance.

Origem da Questão

Para identificar a fonte do conflito, peça uma reunião em um momento em que seu chefe esteja aberto para conversar. Ainda que tenha dúvidas quanto a uma postura aberta, seja sincero e diga como se sente. É provável que seu superior queira mostrar controle e o ouça com atenção. A partir dos comentários que receber, tente descobrir qual o problema e de onde se origina.

▼ **MEDIDA CERTA**
Em alguns casos, pode ser preciso assumir uma postura defensiva –mas jamais de forma agressiva.

Diálogo e Acordo

Analise a maneira como você e seu superior costumam lidar com os problemas. Você tende a evitar conflitos? Se a resposta for positiva, tenha em mente que a medida não surte resultados em casos de crise, do mesmo modo que começar um jogo de "empurra" também não irá ajudá-lo. Identifique o problema e as consequências para você, sem procurar culpados. Ouça o ponto de vista do seu superior e mostre-se disposto a colaborar para uma solução correta.

OPINIÕES IMPORTANTES

Além do superior, os colegas e clientes também podem informar sobre a sua atuação, em avaliações formais ou por meio de opiniões. Esteja preparado para ouvir e aproveitar esses comentários, tanto elogios quanto críticas, sem gerar conflitos.

58 Aproveite os comentários para aprimorar sua atuação.

59 Esteja consciente das atribuições de seu cargo.

60 Identifique as possibilidades de futuro profissional.

AVALIAÇÕES FORMAIS

Se você não gosta do sistema de avaliações porque no passado recebeu opiniões com as quais não concordou, esforce-se para mudar essa postura. Tente considerar os encontros como uma oportunidade para que os superiores reconheçam seus avanços e possam apresentar opiniões sobre seu trabalho. Não espere a data de uma nova avaliação se aproximar e anote suas principais conquistas. Caso você discorde dos comentários de chefe, terá alguns exemplos para mostrar a evolução de sua trajetória.

▼ PREPARO PRÉVIO
Se sua empresa promove avaliações formais, prepare-se com antecedência e mantenha uma postura objetiva.

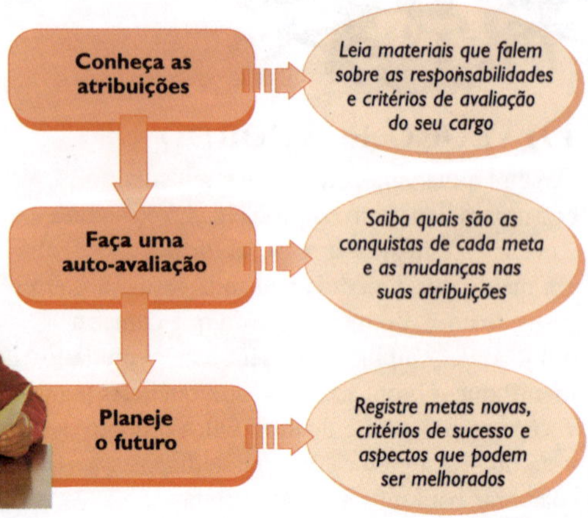

Responsabilidade Individual

Caso você não tenha atingido seus objetivos, assuma a responsabilidade pelo que aconteceu e procure medidas para ajudá-lo a melhorar seu desempenho. Se seu chefe não faz comentários, pergunte a opinião dele. Aprenda a lidar de forma construtiva, mesmo que não receba a mensagem dessa forma. Quem se prepara para uma avaliação tem mais chances de adotar abordagens positivas.

◀ **OPINIÕES NEGATIVAS**
Mesmo que você não concorde com a avaliação de seu superior, tenha em mente que pode ser bom saber que outras pessoas percebem sua atuação de uma forma diferente da sua.

Valor dos Objetivos

Ainda que você nem sempre concorde com o seu superior, tente se concentrar em alguns objetivos a fim de evitar conflitos. Limite a seis o número de metas com características definidas. Anote seus objetivos e tente visualizar o que veria, ouviria ou sentiria se essas metas fossem realizadas. Esse exercício de natureza qualitativa ajuda a estimular o seu envolvimento com o trabalho. A busca dos objetivos contribui para que sua dedicação aumente, mesmo que você tenha conflitos com seu chefe.

61 Estabeleça desafios que estimulem a melhorar sempre.

62 Avalie seu trabalho qualitativa e quantitativamente.

Características dos Objetivos

Específicos	Defina o que pretende atingir, em qual prazo e de qual forma.
Mensuráveis	Determine os recursos e os resultados palpáveis.
Viáveis	Avalie com seu chefe se as metas são atingíveis.
Importantes	Certifique-se de que as metas são desafiadoras –mas dentro de seu potencial.
Final Previsto	Estabeleça um cronograma para conclusão e avaliações parciais.

POSTURA CRÍTICA

Se você considera a postura crítica como um meio para ajudá-lo a melhorar e não uma lista de acusações para defender, fica mais fácil ouvir os comentários do seu chefe de forma objetiva e sem levar para o campo pessoal. Ouça as opiniões como se o autor fosse outra pessoa. Caso você não concorde com a avaliação dele, pense o que pode fazer para melhorar a comunicação entre vocês. Seu superior pode hesitar em fazer comentários por temer a sua reação –nesse caso, cabe a você pedir a opinião. É melhor receber críticas sobre problemas pequenos e pontuais do que enfrentar um grande conflito de uma vez.

BOAS PALAVRAS

Se seu superior fizer um elogio, receba o comentário sem ficar incomodado. Não convém fazer pouco ou desmerecer um elogio, pois desestimula o autor do comentário. Agradeça e mostre-se satisfeito. Em seguida, avalie se concorda com o aspecto do seu desempenho que motivou o comentário do seu superior.

RECEPTIVIDADE ▶
Para ouvir os comentários do seu chefe, preste atenção aos sinais. Adote uma postura aberta e olhe para o interlocutor. Se concordar com algo que não aceita, a linguagem corporal irá contradizer a mensagem.

Posição revela pouca abertura
Braços cruzados podem indicar postura de defesa

LINGUAGEM NEGATIVA

Olhar direto transmite confiança
Posição inclinada mostra atenção

LINGUAGEM POSITIVA

REAÇÃO ÀS CRÍTICAS

Nem todos gostam de ouvir críticas e a reação das pessoas pode depender do tom de voz e da maneira como a mensagem é passada. Às vezes, uma crítica parece pior justamente porque concordamos com ela. Se achar conveniente, peça um tempo para pensar, mas responda sempre de forma objetiva e polida:

“Preciso de tempo para pensar na sua avaliação.”

“Qual trecho do relatório você acredita que pode confundir o cliente?”

“O que você sugere que eu mude na forma de realizar meu trabalho?”

CRÍTICAS RECORRENTES

Se as avaliações negativas vierem de mais de uma fonte, você deve avaliar a situação com cuidado. Quando o comentário vier de seu chefe, considere o ponto de vista dele. Se forem indicações vagas demais, peça que ele seja mais específico e dê exemplos que facilitem a compreensão. Tente descobrir desde quando a impressão negativa existe e consulte outras pessoas. A partir das respostas, você terá como saber se a opinião de seu chefe é isolada ou se realmente é preciso promover mudanças.

63 Nunca ignore críticas vindas de clientes.

64 Se a crítica vem de um concorrente, dê um desconto.

65 Durante as avaliações, registre os comentários.

O QUE FAZER?

Tenha em mente que as conversas de avaliação com seu superior só terão validade se servirem para alterar o que pode ser melhorado. Se o objetivo era solucionar um possível conflito, lembre-se de que ele provavelmente irá acontecer se nenhuma medida efetiva for tomada. Após uma avalição, elabore um plano de ação ou de aprimoramento pessoal e detalhe as metas e os prazos para concluir cada etapa. Não esqueça de incluir as contribuições do seu superior.

▼ FUTURO NO PAPEL

Registre as medidas que você e seu chefe consideraram viáveis e saia do encontro com elementos para planejar a ação.

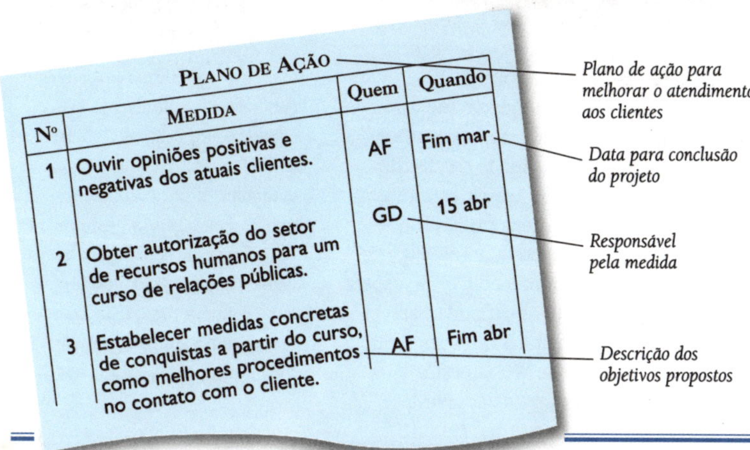
PLANO DE AÇÃO

Nº	MEDIDA	Quem	Quando
1	Ouvir opiniões positivas e negativas dos atuais clientes.	AF	Fim mar
2	Obter autorização do setor de recursos humanos para um curso de relações públicas.	GD	15 abr
3	Estabelecer medidas concretas de conquistas a partir do curso, como melhores procedimentos no contato com o cliente.	AF	Fim abr

LIMITES DA INICIATIVA

Mostrar iniciativa sem disputar espaço com o superior exige um equilíbrio delicado. Avalie as reações de seu chefe a suas sugestões e deixe claro que o apóia sempre: assim, você será visto como um aliado e não como um concorrente.

66 **Saiba a frequência de informes que seu chefe espera.**

PERGUNTE-SE

- **P** **Sei quais são os resultados importantes para meu chefe?**
- **P** **Como posso oferecer apoio e recursos para auxiliar na busca de resultados?**
- **P** **Tenho dimensão do impacto possível do projeto dentro da empresa?**
- **P** **Avaliei de forma consciente e crítica as consequências de participar desse projeto?**

SEM DÚVIDAS

É provável que seu chefe aprecie demonstração de iniciativa, desde que você deixe claro que dedica seu tempo às tarefas corretas. Quando receber informações sobre uma nova incumbência ou responsabilidade, identifique com precisão o que é esperado de você. Alguns superiores falam em linhas gerais e deixam que a equipe apresente suas dúvidas. Mantenha seu chefe informado sobre seus progressos nas principais áreas de atuação e esclareça qualquer incerteza sobre o que deve ser priorizado.

MANEIRA ADEQUADA

Propostas que possam representar conflito com as opiniões de seu superior às vezes se tornam mais aceitáveis se assumirem a forma de sugestões. Talvez seu chefe não goste que digam o que deve fazer, mas esteja aberto a sugestões que não questionem sua capacidade de decidir. Antes de apresentar uma idéia, avalie os motivos: se eles forem consistentes, é mais provável que a opinião encontre receptividade. Se seu superior propuser algo com que você não concorda, espere antes de apresentar alternativas ou pode parecer que não deu atenção necessária à questão. Com tempo, analise as opiniões de seu superior e procure elementos com os quais concorda.

DIFERENÇAS CULTURAIS

O espaço para tomar iniciativas depende do estilo de gestão do superior. Nos Estados Unidos, os chefes costumam apreciar a autonomia dos subordinados, mas no Reino Unido predomina a necessidade de deixar claro quem comanda. Já no Japão, por outro lado, nenhum passo é dado sem contar com a concordância de toda a equipe.

67 Mostre entusiasmo pela conquista das metas coletivas.

APOIO E PARCERIA

Sempre dê crédito às ações do seu chefe, do mesmo modo como espera que ele faça em relação às suas iniciativas. Nas reuniões, mostre-se confiável e leal, apoiando as propostas do seu superior. Diante de outras pessoas, nunca se coloque em posição de confronto com a posição de seu chefe, ainda que ele esteja ausente: essa medida pode ser interpretada como excesso de liberdade ou deslealdade.

▼ **AJUDA VALIOSA**

Quando sua superiora apresentar uma proposta, olhe para ela e demonstre interesse. Se houver pessoas contrárias à idéia, posicione-se e aponte as vantagens.

VIA DIPLOMÁTICA

Conforme você ganha espaço na empresa em que atua, é importante deixar claro a contribuição de seu superior para esse crescimento. Mostre-se sempre grato pela orientação e dedicação ao seu crescimento, sem desmerecer os méritos e esforços pessoais. Ainda que conte com autonomia de atuação, demonstre valorizar a opinião do superior e consulte-o sobre os próximos passos a serem tomados. Além de contar com uma importante fonte de orientação, você demonstrará gratidão e lealdade.

68 Tome cuidado com comentários na ausência do chefe.

69 Deixe claro a seu superior que não deseja competir.

UM POUCO DE PROTEÇÃO

É importante ter uma imagem de um profissional que cumpre as expectativas e evita problemas quando algo sai errado. Em períodos difíceis, seu superior precisa saber que pode contar com uma equipe capaz de assumir e solucionar tarefas.

70 Em uma crise, você e seu chefe devem formar uma frente.

71 Se identificar a proximidade de uma crise, priorize o que tem urgência de fato.

CONCENTRAÇÃO PRECISA

Quando algo sai errado, é comum as pessoas procurarem um culpado. Ter uma imagem de bom profissional ajuda a ficar longe do papel de "bode expiatório" e, assim, proteger ainda mais a própria reputação. Em um período de crise ou de grande dificuldade, você e seu chefe precisam afinar a sintonia e se concentrar naquilo que realmente tem importância. Avalie a forma como direciona seu potencial: não raro, 20% do seus esforços respondem por 80% dos resultados. Descubra o que causa mais efeito tanto em caso de sucesso como de fracasso e se concentre nesses objetivos para ampliar o impacto dos resultados.

72 Evite distrações em períodos de dificuldades.

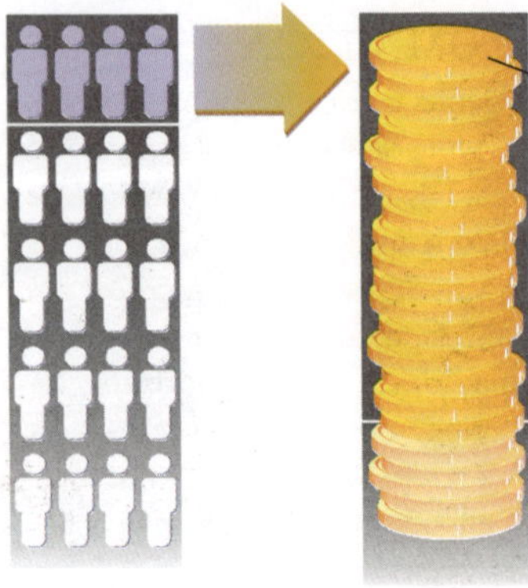

Mais de 80% dos ganhos da empresa são gerados por menos de 20% dos clientes. Você deve concentrar sua atenção nesse segmento.

MINORIA SIGNIFICATIVA ▶
A regra definida por Vilfredo Pareto afirma que um pequeno grupo pode ser responsável por grande parte de um efeito. Essa situação ocorre em diversos casos. Use esse mecanismo para identificar os principais clientes e priorizar tarefas.

VALOR DA IMAGEM

Não basta desempenhar bem suas atribuições se você e seu chefe encontram-se sob ameaça. Tente se certificar de que as pessoas reconhecem a capacidade positiva da dupla, pois em época de crise não há tempo para uma campanha de reforço da imagem. Aprenda a gerenciar as chances de sobrevivência (suas e de seu chefe) concentrando sua atenção nos clientes internos e externos que podem fazer diferença.

LEMBRE-SE

- **A culpa pelos erros costuma ser atribuída a profissionais que não contam com uma imagem de bom desempenho.**
- **Faça com que as pessoas tomem conhecimento dos êxitos seus e de seu superior.**
- **Esteja preparado: problemas imprevistos sempre acontecem.**

73 Evite chances de problemas cultivando bons relacionamentos.

▼ **SEM SURPRESAS**
Não permita que seu superior ou os clientes sejam surpreendidos por notícias ruins. Em caso de problema, seja o primeiro a informar.

ATENÇÃO AOS IMPREVISTOS

Em um ambiente corporativo de rápida mutação, não é de se surpreender que surjam imprevistos. Mesmo que seu chefe confie em sua iniciativa e capacidade de decidir, mantenha-o informado, sobretudo em relação a situações inesperadas. Informe sobre conflitos que podem surgir com clientes ou colegas de outros departamentos e evite cometer os erros que conseguir identificar a tempo. Lembre-se de que solucionar uma questão rapidamente pode evitar seu agravamento.

Integrante da equipe propõe medidas para solucionar um problema

O chefe é informado que o interesse dos clientes não está ameaçado

COMO CONTER O ESTRESSE

Às vezes, o estresse é sinal de um problema que ainda não foi abordado. Se você identificar os sintomas a tempo, poderá agir antes que o desequilíbrio se agrave e acabe comprometendo a qualidade do seu trabalho.

74 Antes de falar com seu chefe, converse com amigos.

75 Para aliviar a pressão, faça uma parada na rotina.

76 Observe os sinais físicos de origens emocionais.

SINAIS VERMELHOS

Estar sempre atrasado, esquecer as coisas, ter dificuldades para tomar decisões e não dar importância para a aparência são alguns dos sinais de estresse. Sob o aspecto emocional, algumas manifestações são raiva ou medo, que podem afetar os relacionamentos no ambiente de trabalho. Algumas pessoas apresentam sinais físicos, como dor nas costas ou no pescoço e úlceras. Embora possa parecer um conjunto desconexo, se você observar essas características simultaneamente, fique alerta: pode ser estresse.

CÍRCULO VICIOSO

Problemas no ambiente de trabalho podem causar estresse e conflitos em vários níveis. Talvez seu superior espere demais de você, o que resulta em desgaste do relacionamento e comprometimento da qualidade do trabalho. Caso você não tenha espaço para opinar sobre os prazos ou participar das tomadas de decisão, uma das consequências pode ser o desestímulo. Se concluir que esse tipo de situação afeta seu desempenho, discuta o assunto com o superior antes que a situação piore.

A frequência de trabalho fora do horário causa exaustão

▲ **FORA DO EXPEDIENTE**
A impossibilidade de fazer previsões quanto ao tempo destinado ao trabalho é um grande fator de estresse. Ordene as tarefas para não trabalhar além do horário.

HORA DE PARAR

Se você se sente sob pressão no seu trabalho, procure maneiras de delegar tarefas a outras pessoas. O mesmo vale para seu chefe: se notar que ele está sobrecarregado, avalie o que pode propor para eliminar ao máximo as tensões do ambiente. Longos períodos sob estresse afetam a criatividade, a saúde e o desempenho, o que compromete a lucratividade da empresa. Pratique atividade física, siga uma alimentação balanceada e durma o tempo necessário para garantir energia para trabalhar e solucionar problemas. Estimule outras pessoas a fazerem o mesmo.

77 Tenha em mente que períodos curtos de estresse estimulam o desempenho.

▼ TRABALHO E VIDA PESSOAL

O planejamento permite se concentrar em objetivos importantes. Se você tem um estilo desorganizado, irá gastar mais tempo na gestão de problemas do que na busca das prioridades.

▼ TEMPO LIVRE

Quando dedicar tempo para a família ou o lazer com amigos, deixe os problemas profissionais de lado. Aproveite para recuperar as energias e fazer planos.

ROTINA EQUILIBRADA

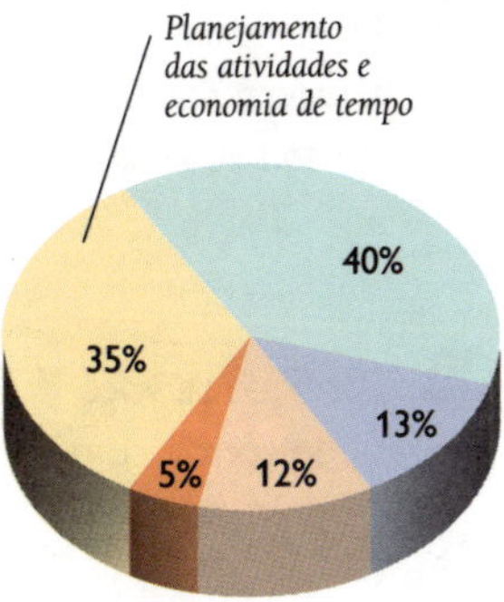

ROTINA SEM EQUILÍBRIO

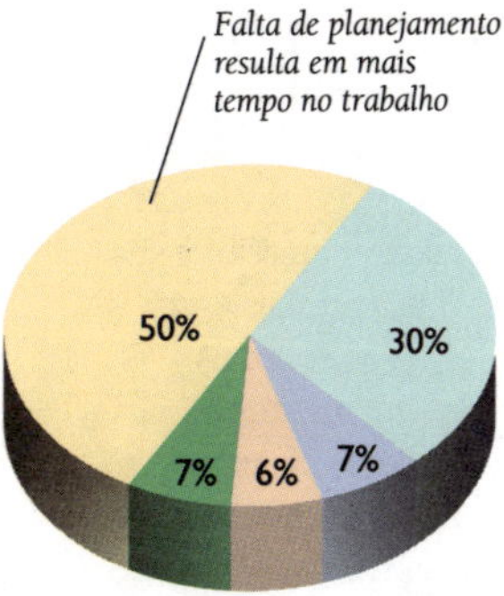

A QUESTÃO DO ASSÉDIO

Uma das formas mais desgastantes de conflito na esfera profissional é o assédio. Situações como essa exigem clareza quanto ao que se julga aceitável: defina seus limites, comunique seu desconforto e informe-se sobre seus direitos.

78 Avalie se se trata realmente de uma situação de assédio.

DIREITOS UNIVERSAIS

I Todas as pessoas têm direito a:
- Serem tratadas com respeito
- Expressar suas opiniões
- Dar contribuições
- Pedir ajuda
- Expressar suas crenças
- Dizer "não" sem sentir culpa
- Errar como parte de um processo de aprendizado
- Decidir como agir e assumir as consequências
- Ser informado sobre mudanças que o afetam no trabalho
- Trabalhar em um ambiente que não o prejudica

O QUE ESPERAR

Se você se sente perseguido por seu superior, seja em um caso isolado ou em uma sequência de fatos que se prolongam, não se esqueça de que todos têm direitos. Em uma reunião exclusiva, informe como se sente com esse tipo de comportamento. Alguns excessos, como assédio sexual ou demonstração de racismo, não podem ser tolerados. Se você se sente tratado de forma injusta, consulte as leis sobre discriminação e, se for preciso, informe-se com um especialista.

◀ **DEFINIÇÃO DE LIMITES**
Tenha em mente esses direitos na hora de avaliar se o superior está abusando de seu poder. Lembre-se de que o mesmo vale para as outras pessoas que trabalham com você.

REGISTRO DE DADOS

Se o comportamento do seu chefe o incomoda, mantenha um registro dos acontecimentos e prepare-se para pedir ajuda. Anote a data de cada incidente, as demais pessoas envolvidas ou que podem ter presenciado e qual foi a sua reação. Mantenha cópias dos materiais escritos que podem ajudá-lo. Informe-se sobre os procedimentos da empresa: em algumas organizações, o processo pode exigir um relato por escrito para um superior mais graduado ou então envolver o setor de recursos humanos.

79 Esteja atento ao impacto das ações do seu superior.

80 Verifique se você pode contar com o apoio de outros.

81 Informe-se sobre a política da empresa para casos de assédio.

OPÇÃO FINAL

Caso você tenha optado por uma conversa franca com seu superior mas não identificou nenhuma mudança no comportamento, procure a opinião de outra pessoa, de preferência de fora do ambiente de trabalho. Avalie o que fazer se for despedido sem receber motivos claros, pois, nesse caso, a situação pode valer uma consulta jurídica. Esteja preparado para o custo emocional que sua decisão pode custar.

DECISÃO DE SAIR

Um superior que abusa de sua posição para assediar integrantes da equipe prejudica a auto-estima e a confiança e cria uma relação baseada no temor. Se esse for o seu caso, avalie se seu emprego vale esse tipo de situação, pois ninguém suporta essa agressão por muito tempo. Tente descobrir se colegas ou outros superiores podem lhe oferecer apoio ou não. Caso não possa contar com auxílio, o melhor a fazer é deixar o ambiente de trabalho.

▲ ORIENTAÇÃO JURÍDICA
Antes de pedir demissão procure uma orientação jurídica para saber qual o melhor caminho no seu caso.

SEM ▶ DEMORA
A constante perseguição do superior levou Maura a achar que a culpada era ela. Mas a ajuda de uma colega e a mudança no comportamento do superior evitaram mais danos psicológicos.

ESTUDO DE CASO

Nada do que Maura fizesse agradava seu chefe. Quando perguntou o que poderia fazer para melhorar seu desempenho, o superior respondeu que não tinha tempo para apontar a longa lista de erros da funcionária. Maura perdeu autoconfiança e dedicou horas para achar meios de corrigir sua postura. Um novo colaborador entrou na equipe e não enfrentou nenhum problema com o chefe. Alertou Maura de que o superior não tinha o direito de tratá-la daquela maneira, e ela decidiu conversar com o chefe e apresentar seu ponto de vista, fazendo sugestões para melhorar a atuação.
Seu superior mostrou-se surpreso pela iniciativa e pediu desculpas pela conduta impaciente e inadequada.
Com o tempo, descobriu que podia contar com sua equipe sem destratar ninguém.

NOVOS HORIZONTES

Seu chefe pode ajudá-lo a conquistar as habilidades necessárias para crescer na carreira. Assuma responsabilidades e faça de seu superior um aliado na definição de sua trajetória.

COMO AMPLIAR SEU PAPEL

De um ano para outro, seu papel na empresa precisa apresentar avanços: não julgue normal se a atuação estacionar. Sempre existe espaço para crescer e ganhar novas experiências. Aprenda a aproveitar as oportunidades para se desenvolver.

82 Lembre-se de um desafio superado e busque inspiração para o futuro.

83 Avalie o que mudou e aponte os motivos.

LEMBRE-SE

- O progresso dos objetivos a longo prazo exige reavaliação.
- Tenha em mente as últimas tendências profissionais.
- Evite postergar ou negligenciar o autodesenvolvimento.

O QUE MUDOU?

A avaliação é uma oportunidade formal de rever, na companhia de seu superior, as mudanças na sua atribuição e de tirar lições das novidades. Mas procure também fazer sozinho uma análise da sua evolução profissional (você pode aproveitar o exercício para atualizar seu currículo). Reflita sobre as habilidades novas e as conquistas feitas, sem esquecer de apontar o que ainda pode ser aperfeiçoado. Destaque as mudanças no último ano e antecipe as tendências para o próximo. Lembre-se de que é preciso avançar sempre e que a imobilidade é sinal de que há algo errado.

Espaço Para Crescer

Depois de identificar o que mudou em sua atuação profissional, concentre-se nas áreas que exigem mais investimento. Se sua empresa atravessa uma fase de expansão, as chances de mobilidade interna tendem a ser maiores. Avalie se as tendências externas favorecem as mudanças propostas e analise o impacto dos novos movimentos para o seu futuro profissional. Se identificar espaço para você, tenha uma postura ativa: mostre-se disponível para atuar em novos projetos ou assumir maiores responsabilidades.

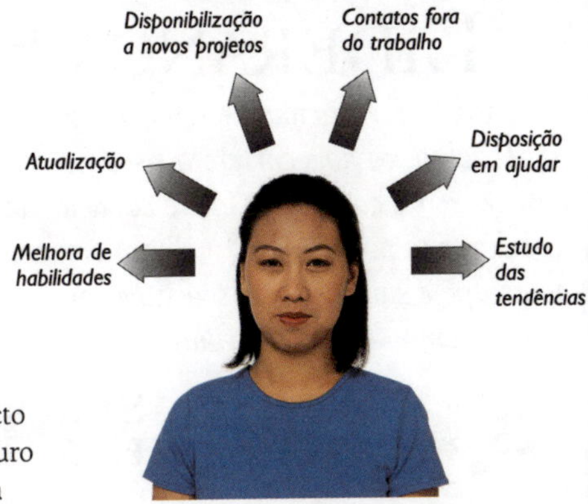

▲ **HORIZONTES AMPLOS**
Evite se fechar na sua realidade. Esteja atento a todas as possibilidades de crescimento e procure sempre ampliar sua atuação profissional.

Experiência Nova

Em uma estrutura organizacional tradicional, as promoções podem ocorrer com bastante lentidão. Discuta com seu chefe quais medidas você pode tomar para melhorar suas habilidades e ampliar suas chances de crescimento na carreira: o melhor a fazer é assumir um projeto específico ou apostar na melhora da formação? Ofereça-se para participar de eventos e partilhar as informações com os demais integrantes da equipe. Ao se mostrar disposto a aprender, você deixa claro a seu superior que pretende assumir novas responsabilidades.

◀ **O VALOR DA COMUNICAÇÃO**
Aproveite seu tempo para estabelecer contatos com pessoas que podem ter algum envolvimento com o seu trabalho. Elabore uma lista de pessoas que podem passar nomes atualizados ou se transformarem em futuros clientes.

LIDERANÇA SILENCIOSA

Caso o desempenho de seu chefe não evolua, os dois correm o risco de retroceder na carreira. Mostre capacidade de liderança por meio da melhora constante da equipe e saiba ajudar seu superior ao mesmo tempo em que garante visibilidade.

84 Ajude seu chefe a compreender o que está mudando.

85 Associe sugestões a melhoras concretas.

86 Procure bons orientadores para você e seu chefe.

SUGESTÃO DE MUDANÇAS

Em uma empresa com capacidade de aprender, apresentar sugestões de melhora faz parte do cotidiano. Avalie os avanços no desempenho e quais os benefícios da empresa a partir desses progressos. Tenha em mente que suas sugestões terão melhor aceitação se estiverem associadas ao aperfeiçoamento nas relações com os clientes, funcionários ou acionistas. Outros objetivos importantes são o aumento dos lucros ou a redução de custos ou de tempo operacional.

▼ **APRENDIZADO**
Uma empresa com capacidade de aprender sempre procura meios de melhorar seu desempenho.

87 Sugira meios de contato com idéias atualizadas.

▼ **ATUALIZAÇÃO NECESSÁRIA**
Estimule seu chefe a participar de reuniões sobre assuntos importantes a fim de garantir a atualização constante.

NOVA REALIDADE

Talvez seu chefe tenha uma trajetória consistente, mas, como todo mundo, precisa continuar aprendendo para se manter sempre atualizado. Conforme discuta sua trajetória com seu superior, estimule-o a pensar também em formas de atualização. Informe sobre suas descobertas em relação a grupos de estudo e fontes de conhecimento e comunique suas informações a respeito de mudanças importantes no setor e na concorrência.

Gerente apresenta uma idéia para elevar as vendas

Gerente sênior explica como atinge resultados

Novo integrante anota pontos principais

VISIBILIDADE GARANTIDA

Para exercer liderança sem "atropelar" ninguém, é preciso saber colocar as conquistas pessoais sem desmerecer a atuação conjunta. Um superior justo irá revelar o quanto do sucesso cabe a si ou a seus subordinados. De maneira informal, tente avaliar como está a sua visibilidade em outros setores. Coloque seu nome nos relatórios e verifique se o crédito permanece conforme o documento passa a outras instâncias. Sugira meios de representar a empresa sem ofuscar seu chefe.

PASSO A PASSO

1. Tente descobrir se outros sabem de sua contribuição.
2. Inclua os responsáveis por idéias novas nas reuniões de sua equipe.
3. Participe de grupos de estudo ou de ação.

AJUDA PARA SE DESENVOLVER

O primeiro passo para melhorar é saber o que precisa de aperfeiçoamento. Peça ajuda a seu chefe quanto ao melhor sistema de aprendizado ou treinamento e, se houver espaço, avalie a possibilidade de que a empresa assuma parte dos custos.

88 **Se quer crescer na empresa, pense a longo prazo.**

89 **Saiba gerenciar as atribuições antes de gerir pessoas.**

NECESSIDADES BÁSICAS

Observe sua atuação e identifique as habilidades que podem ser exigidas de você em um futuro breve. Peça a opinião de seu superior: pela experiência dele, o que deve ser melhorado? Tenha em mente que, ao assumir cargos mais elevados, as exigências quanto a seu desempenho serão maiores e convém se preparar com tempo. Você sabe administrar pessoas? Consegue determinar prazos realistas e fazer adaptações quando necessário?

ESTUDO DE CASO

Em uma avaliação interna, o chefe comunicou a Paulo que a capacidade de se relacionar com as pessoas precisava melhorar e propôs que o funcionário procurasse um workshop de comunicação em equipe.

Durante o curso, Paulo conseguiu identificar nos exemplos várias formas inadequadas, quando se dirigia aos colegas que ele adotava sem prestar atenção.

Na reunião seguinte, Paulo teria de apresentar uma idéia nova para a equipe. Fez questão de olhar para os interlocutores e conter o tom de voz. Pediu opinião aos presentes e prestou atenção aos comentários de todos. Impressionados com a clareza e objetividade, os colegas apoiaram sua proposta. Contente com o progresso na forma de se relacionar com as pessoas, o superior de Paulo o elogiou e passou a considerá-lo um destaque da equipe.

◀ **MELHORAR SEMPRE**
Neste exemplo, um funcionário aproveitou ao máximo um curso para se destacar no trabalho e ampliar as chances de promoção.

TIPOS DE TREINAMENTO

PRINCÍPIOS	PESSOAS	PROCESSOS
• Negócios	• Consultor	• Pensamento crítico
• Finanças	• Orientador	• Solução de problemas
• Saúde e segurança	• Delegação	• Gestão de processo
• Marketing	• Atribuição	• Gestão de projetos
• Vendas	• Liderança	• Gestão estratégica
• Aspectos técnicos	• Recrutamento e seleção	• Gestão de equipes

ATIVIDADES PLANEJADAS

Com a ajuda do seu chefe, identifique as melhores técnicas para desenvolver as habilidades que fazem falta a você. Lembre-se de que existem outras modalidades de aprendizado além dos cursos tradicionais. Estabeleça uma meta de leitura de duas obras relacionadas ao mundo dos negócios ou à sua área por mês. Observe as principais lições, discuta com seu superior e procure formas de implantá-las no cotidiano de sua equipe ou empresa.

90 Leia obras de auto-ajuda.

91 Avalie todos os espaços para se aperfeiçoar.

▲ PARTILHA

Encontre seus colegas regularmente para dividir as técnicas de autodesenvolvimento que você aprendeu e tente inseri-las em sua rotina.

DE OLHO DO FUTURO

Mostre a seu chefe que a empresa só tem a ganhar se investir no desenvolvimento dos profissionais. Um curso de longa duração em uma escola de negócios, por exemplo, é um grande investimento para qualquer empregador. Algumas empresas exigem que, após a conclusão de um curso ou extensão, o funcionário se comprometa a permanecer no emprego por determinado período. Caso não exista possibilidades de contar com o apoio do local onde trabalha, dedique-se a aprender por conta própria.

UM ALIADO VALIOSO

Se você quer apresentar uma proposta a seu chefe, escolha o momento certo. Defenda os aspectos positivos, sobretudo se estiver pedindo uma promoção, transferência ou aumento de recursos, e amplie as chances de uma resposta positiva.

92 Certifique-se de que seu chefe pode dar atenção para sua proposta.

PERGUNTE-SE

- **P** Minha proposta é clara e de fácil assimilação?
- **P** A idéia tem consistência do ponto de vista da empresa?
- **P** Qual o melhor momento do dia para abordar meu chefe?
- **P** Meu superior encontra-se sob alguma pressão importante nesse momento?
- **P** As restrições do meu chefe fazem sentido ou ele está sendo indireto?

ESCOLHA DA OCASIÃO

Saiba perceber quando seu superior se encontra sob pressão mas não postergue os assuntos para sempre. Se seu chefe concordar com sua proposta, provavelmente dará uma resposta na hora. Em geral, postergar indica que algo está errado, a não ser que seu superior esteja fora do escritório ou envolvido com um projeto prioritário. Avalie o momento do dia mais indicado (e menos arriscado a interromper algo) e observe se ele prefere conversar com a equipe no início ou no final do dia.

Colaboradora expõe suas idéias com tempo

▼ **MOMENTO CERTO**
Se quiser ampliar as chances de receptividade a uma idéia, escolha o momento certo de apresentá-la.

LADO POSITIVO

Pense nas vantagens de sua sugestão a partir do ponto de vista do seu chefe –como pessoa, líder de equipe e representante da empresa. Se o projeto envolve custos, é provável que seu superior espere um estudo detalhado e realista sob o aspecto financeiro. Talvez seu chefe prefira conhecer primeiro as vantagens relacionadas à motivação e satisfação da equipe. Descreva os benefícios da maneira mais apropriada a uma receptividade positiva.

93 Seja objetivo ao apresentar as vantagens.

94 Avalie todos os fatores que podem afetar seu projeto.

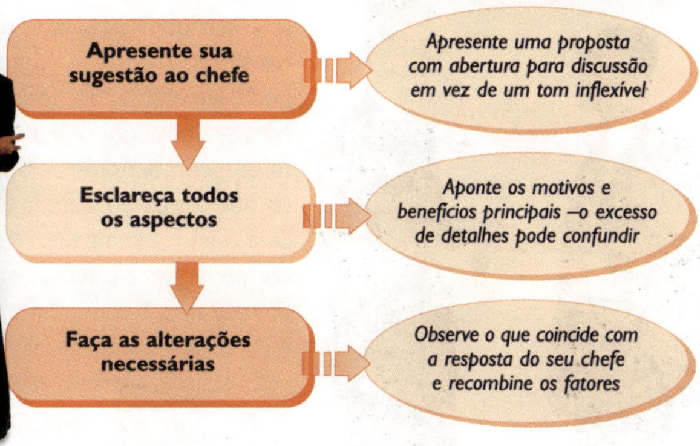

▲ **FLEXIBILIDADE E CONHECIMENTO**
Dedique-se a pesquisar com detalhes antes de apresentar sua proposta, a fim de responder a todas as eventuais objeções. Se for preciso, faça ajustes.

95 Faça perguntas para avaliar a reação à sua proposta.

MOTIVOS PARA CONCORDAR

Apresente um projeto lógico e bem preparado, com as mínimas margens para que seu superior encontre falhas ou objeções. Caso seu chefe hesite em aprovar, faça perguntas até compreender bem todas as dificuldades. Antes de desistir ou postergar, certifique-se de que as restrições fazem sentido. Aposte nas vantagens de sua proposta e defenda sua idéia. Se a resposta ainda for negativa, volte a analisar com cuidado: a persistência irá ajudá-lo a atingir seus objetivos.

NEGOCIAÇÃO DE AUMENTO

A maioria das pessoas aceita salários que talvez não correspondam ao máximo possível, mas que parecem justos para o cargo. Na hora de propor um aumento a seu chefe, baseie o pedido na análise de seu desempenho e contribuição para a empresa.

96 Só peça aumento munido de dados e argumentos convincentes.

▲ INICIATIVA NATURAL

Pedir um aumento não constitui nenhuma ousadia, desde que a proposta tenha coerência com sua atuação na equipe.

VALORIZAÇÃO

Para muitas pessoas, reivindicar um aumento nos ganhos pode ser desconfortável. No entanto, se julgar que seu salário não faz justiça ao que considera adequado para seu cargo e atribuições, pode ser preciso abordar o assunto diretamente com seu superior. Alguns profissionais se sentem mais recompensados diante de uma promoção na hierarquia do que da elevação dos ganhos. Seja qual for sua preferência, só comece uma conversa sobre o tema com seu chefe após consultar as faixas salariais da sua empresa e do setor em que atua.

CERTO E ERRADO

- ✔ Saiba quais são seus principais objetivos.
- ✔ Deixe claro quais são os elementos de sua situação que pretende aprimorar.
- ✔ Faça concessões quanto aos aspectos que julga negociáveis.
- ✔ Confirme com o chefe o que foi acertado.
- ✔ Apresente opções para que seu chefe decida.

- ✘ Não perca as metas principais de vista.
- ✘ Não permita que o ponto de vista do seu superior comprometa sua argumentação.
- ✘ Evite aceitar as contrapropostas do chefe de imediato.
- ✘ Se não tiver êxito, não tome como pessoal.
- ✘ Não peça um aumento sem bons argumentos.

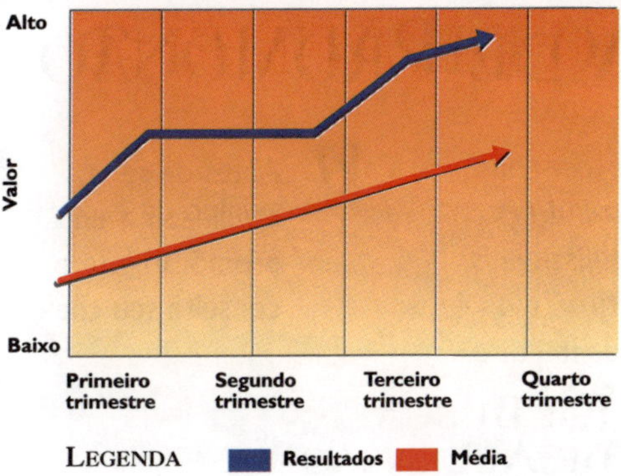

▲ DEMONSTRAÇÃO

Organize um registro de suas conquistas. Estabeleça um valor real, como o lucro gerado ou o total de horas economizadas, para convencer seu chefe de que o aumento é merecido.

GANHOS COMPROVADOS

Quem baseia um pedido de aumento apenas na necessidade pessoal, tem poucas chances de ser bem-sucedido. O melhor a fazer é apresentar argumentos como novas responsabilidades assumidas, além dos recursos economizados para a empresa ou a contribuição de suas habilidades para a redução do tempo de operação ou da melhora da qualidade. Com esses dados, as possibilidades de convencer seu chefe crescem.

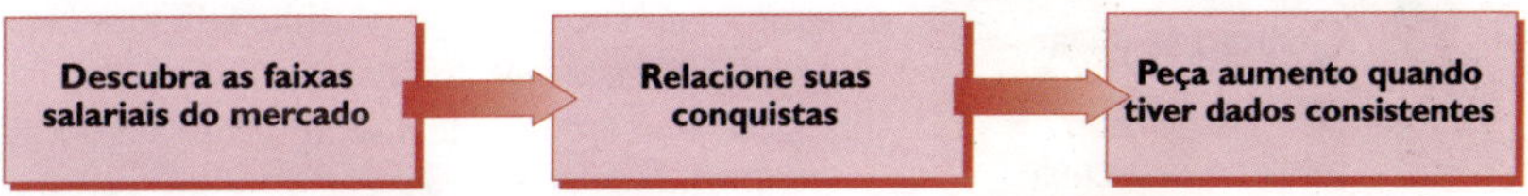

▲ PREPARO ESSENCIAL

Com uma análise detalhada do mercado e bons argumentos, sua proposta terá mais chances de ser bem aceita.

FAZER ACONTECER

Depois de organizar os argumentos que o ajudarão a comprovar sua contribuição para a equipe e a empresa, peça uma reunião individual com seu superior. A melhor abordagem é apostar na persistência e na objetividade da conversa. Se seu chefe apresentar objeções, explique seus motivos para considerar o aumento justo. Caso ele não concorde com seus méritos, pergunte o que, na opinião dele, pode ser feito para mudar a situação. Se a recusa se basear no argumento da necessidade de contenção de custos, peça uma revisão do seu salário a cada seis meses. Alguns profissionais preferem registrar os resultados desse tipo de acordo por escrito, para retornar ao assunto no momento acertado.

LEMBRE-SE

- **Você precisa acreditar em seu valor e na capacidade de contribuir para a empresa.**
- **Em geral, aumentos de salário são acompanhados de tarefas ou responsabilidades novas.**
- **Reforce os benefícios de sua proposta para seu superior.**
- **Certifique-se de que seu chefe tem consciência dos progressos e de sua contribuição.**

CONQUISTA DE PROMOÇÃO

Seu chefe pode ajudá-lo a progredir na carreira. Deixe claro que você tem condições para assumir novas atribuições e seja honesto quanto às metas profissionais. Se agir com objetividade e abertura, o apoio do superior poderá trazer grande impulso.

97 Antes de se candidatar a uma promoção interna, consulte seu chefe.

98 Informe seu chefe sobre suas metas profissionais.

99 Quando se julgar apto ao novo cargo, informe seu chefe.

EM BUSCA DE ASCENSÃO

Em algumas empresas, os superiores discutem com os subordinados as possibilidades dos planos de carreira. Se tiver clareza quanto aos objetivos de avanço profissional, informe seu chefe e saiba ganhar seu valioso apoio. Antes de se candidatar a alguma mudança interna, consulte seu superior, que pode ajudá-lo a avaliar todos os benefícios da iniciativa. Não esqueça de discutir a adequação de suas habilidades e de seu perfil ao novo posto e aponte de antemão os desafios que o esperam.

AVALIAÇÃO PRÉVIA

Se você tem seu chefe como fonte de inspiração, pode se basear na atuação dele para ter idéia dos desafios e exigências do novo cargo. Observe as habilidades valorizadas nessa camada hierárquica e avalie com cuidado quais são as novas exigências: você está disposto a ampliar sua jornada de trabalho, por exemplo? Estabeleça contatos com pessoas que podem ajudá-lo caso mude de cargo.

Colega dá dicas sobre o cargo

APOIO DOS PARES ▶

Talvez você precise recorrer a alguns colegas em busca de informação ou de apoio. Reserve tempo para conversar e conhecer a realidade que o espera em caso de promoção.

◄ HABILIDADES EM APERFEIÇOAMENTO
Aproveite todas as oportunidades para ampliar suas capacidades, a fim de garantir uma transição sem complicações.

O uso das habilidades corretas auxilia no avanço profissional

TALENTO EM DIA

Saiba ouvir com atenção as orientações sobre as habilidades necessárias para uma promoção, tanto vindas do seu chefe como de outras pessoas que você respeita, e comece a trabalhar. Lembre-se de que algumas atribuições, como a capacidade de comandar pessoas e gerenciar o tempo, precisam estar de acordo com o nível hierárquico no qual você irá atuar. Identifique o número de relacionamentos (colegas, superiores, clientes e fornecedores) que ficarão sob seus cuidados e avalie como gerenciá-los do melhor modo.

LEMBRE-SE

- Sua atuação deve se adequar à nova camada hierárquica.
- Algumas vezes, pode ser preciso reforçar para seu chefe que você está pronto para ser promovido.
- Discuta suas metas profissionais em termos gerais com pessoas de fora do escritório.
- Informe-se sobre o que pode ajudá-lo a conseguir a promoção e a começar bem no novo posto.

PREPARAR-SE PARA MUDAR

Procure identificar quem foi promovido na empresa nos últimos tempos e avalie seu perfil profissional. Se puder, pergunte sobre a maior dificuldade e a maior facilidade da transição. Caso conte com o apoio do seu superior, faça uma análise conjunta sobre suas possibilidades de ocupar o novo cargo sem obstáculos. Reconheça a contribuição de seu chefe para essa oportunidade e procure minimizar o impacto de sua saída da equipe. Pense nas maneiras de ajudar seu chefe a encontrar um substituto.

PASSO A PASSO

1. Informe-se sobre as qualidades necessárias para avançar na sua carreira.
2. Consulte seu chefe sobre as atribuições do novo cargo.
3. Avalie se algum colega pode ser promovido para ocupar a sua vaga.

Bem preparado, candidato revela confiança

ETAPA DECISIVA

Tente identificar os outros candidatos à promoção: avalie os aspectos positivos e negativos de cada um e compare com as suas possibilidades. Não parta do princípio de que o entrevistador conhece sua trajetória, mesmo no caso de uma promoção interna. Saiba apresentar suas conquistas de maneira confiante e objetiva, sem parecer exagerado.

◀ **BOM DESEMPENHO**
Esteja preparado para entrevistas individuais, dinâmicas de grupo e também para um processo seletivo composto de diversas etapas.

PERGUNTAS PROVÁVEIS

ENTREVISTADO

- Quais os principais desafios imaginados para o próximo ano?
- Quais os principais fatores de sucesso?
- Quais as características esperadas para a pessoa que irá ocupar esse cargo?
- Se eu for escolhido para a vaga, o que posso fazer para me preparar para ocupá-la?

ENTREVISTADOR

- Quais foram seus maiores desafios nos dois últimos anos?
- Quais seus principais pontos favoráveis e o que você acha que precisa aperfeiçoar?
- Qual foi a lição mais valiosa aprendida no último emprego?
- Por que devemos contratá-lo para a vaga?

RUMO AO SUCESSO

Dedique-se a elaborar um plano de ação para os primeiros meses no novo emprego ou cargo. Não se surpreenda se essa preparação for útil já na entrevista, pois podem surgir perguntas que abordem seus planos e ansiedades sobre a futura transição. Converse com seu superior ou outras pessoas que conhecem o setor ou a empresa onde você passará a atuar e procure se informar ao máximo, por meio da leitura de matérias e publicações, se houver. Tente descobrir qual o estilo do seu antecessor e quais expectativas da equipe. Identifique novos aliados e, se possível, tire umas férias antes de dar início à nova rotina. Aproveite o tempo para descansar e procurar meios de causar boa impressão para a equipe, colegas e superiores da nova etapa que se inicia.

100 Prepare as perguntas que você irá fazer.

101 Ao ingressar em uma nova fase, crie objetivos renovados.

▼ **OTIMISMO**
Comemore sua promoção com todos os que o ajudaram, direta ou indiretamente, a atingir essa importante conquista.

TESTE SUAS HABILIDADES

Avalie sua capacidade de lidar com seu superior e sua habilidade para transformá-lo em um grande aliado. Responda às perguntas a seguir com honestidade. Se a resposta for "nunca", assinale a alternativa 1; se for "sempre", marque o item 4, e assim por diante. Some os pontos e consulte o quadro de resultados para conferir seu desempenho. Use as respostas para identificar o que pode ser melhorado.

CONTAGEM
1 Nunca
2 Às vezes
3 Várias vezes
4 Sempre

1 Eu planejo minha carreira e tenho clareza quanto aos objetivos.

1 2 3 4

2 Dedico a meu chefe o mesmo tratamento dado a um cliente importante.

1 2 3 4

3 Tenho consciência dos meus pontos positivos e dos aspectos a serem melhorados.

1 2 3 4

4 Deixo claro para meu superior minha determinação em aprender e progredir.

1 2 3 4

5 Sei quais são as prioridades na minha vida pessoal e profissional.

1 2 3 4

6 Procuro discutir os valores profissionais com meu superior.

1 2 3 4

7 Costumo definir metas para todos os aspectos de minha vida.

1 2 3 4

8 Sei lidar com distintos modos de pensar.

1 2 3 4

9 Consigo equilibrar de forma adequada minha vida pessoal e profissional.

1 2 3 4

10 Quando é preciso, sei dizer "não" e apresentar argumentos consistentes.

1 2 3 4

11 Estimulo meu superior e os colegas a darem opinião sobre meu desempenho.

1 2 3 4

12 Mantenho meu chefe atualizado quanto aos progressos em andamento.

1 2 3 4

13 Tenho postura crítica quanto aos pontos fortes e fracos do meu chefe.

1 2 3 4

14 Sempre esclareço todas as expectativas quanto a minha atuação.

1 2 3 4

15 Na relação com meu chefe, sou positivo e jamais agressivo ou indiferente.

1 2 3 4

16 Deixo claro que estou disposto a assumir novas responsabilidades.

1 2 3 4

17 Sei ouvir meu superior e antecipar potenciais problemas.

1 2 3 4

18 Estou atento à carga de trabalho e tento estabelecer prioridades com meu chefe.

1 2 3 4

19 Mantenho meu chefe informado sobre as conquistas da equipe.

1 2 3 4

20 Faço sugestões de mudanças que meu superior aprecia.

1 2 3 4

21 Escolho o momento certo para apresentar situações difíceis.

1 2 3 4

22 Sei como criar boa impressão para meu chefe.

1 2 3 4

23 Ao comunicar um problema, sugiro sempre uma solução.

1 2 3 4

24 Eu tomo cuidado para que meu chefe saiba dos problemas de imediato.

1 2 3 4

25 Dou opiniões construtivas sobre o modo de gestão do meu chefe.

1 2 3 4

26 Apresento informações do modo como meu chefe prefere recebê-las.

1 2 3 4

27 Ao conversar, olho para meu interlocutor e faço perguntas abertas.

1 2 3 4

28 Procuro sempre superar as expectativas em relação a meu desempenho.

1 2 3 4

29 Sou flexível, mas sei quando é preciso defender uma proposta ou idéia.

1 2 3 4

30 Mantenho uma postura leal em relação a meu chefe e defendo suas idéias.

1 2 3 4

31 Costumo resumir o que foi acordado nas conversas com meu superior.

1 2 3 4

32 Sempre me certifico de que meu chefe saiba de minhas contribuições.

1 2 3 4

ANÁLISE DOS RESULTADOS

Após responder a todas as perguntas do teste, some seus pontos e verifique seu desempenho. Seja qual for seu nível de sucesso, lembre-se de que sempre é possível melhorar. Identifique os aspectos mais críticos e retome a leitura das páginas que abordam o assunto.

32–63: Você precisa adotar uma postura mais proativa em relação a seu chefe. Tente compreender o estilo de gestão e esclareça os objetivos antes de iniciar uma conversa.

64–95: Você tem conhecimentos sobre como lidar com seu chefe. Tente investir em uma postura mais determinada e procure meios de melhorar ainda mais.

96–128: Parabéns: você sabe como lidar com seu chefe. Aproveite a boa relação para pedir opiniões e ampliar suas habilidades e experiências.

ÍNDICE

Agradecimentos

Agradecimentos da Autora

A realização deste livro foi possível graças aos esforços de muitas pessoas e eu gostaria de agradecer a todas por seu excelente trabalho. Agradeço em especial a Adèle Hayward e a Nicky Munro: seu entusiasmo e percepção trouxeram inspiração.

Agradecimentos da Editora

A Dorling Kindersley gostaria de agradecer aos profissionais que atuaram neste livro:

Editora da capa Jane Oliver-Jedrzejak
Designer da capa Karen Shooter
Pesquisa iconográfica Kavita Dutta
Organização de imagens Richard Dabb
Índice Margaret McCormack
Fotografias Gary Ombler, Steve Gorton, Matthew Ward, Andy Crawford, Tim Ridley

Crédito das Imagens

Legenda: *a* acima, *b* baixo, *c* centro, *e* esquerda, *d* direita, *a* alto
Corbis: Tom Stewart 4c; Jon Feingersh 7; Yang Liu 36; Michael Keller 49; Darama 53be e 65; Raoul Minsart 57.
Stone/Getty Images: 48ce; **Superstock:** 21be
Capa: Corbis Stock Market/Jose Luis Pelaez Inc ©

Dados Internacionais de Catalogação na Publicação (CIP)
(Câmara Brasileira do Livro, SP, Brasil)

Osborne, Christina
Como lidar com seu chefe / Christina Osborne ; [tradução Rosemarie Ziegelmaier]. – São Paulo : Publifolha, 2007. – (Série sucesso profissional)

Título original: Managing your boss
ISBN 978-85-7402-793-7

1. Carreira profissional - Desenvolvimento 2. Gerenciando seu chefe 3. Sucesso profissional I. Título. II. Série.

07-3759 CDD-650.13

Índices para catálogo sistemático:
1. Desenvolvimento pessoal : Relacionamento emnegócios : Administração 650.13
2. Sucesso pessoal : Relacionamento em negócios : Administração 650.13